U0613489

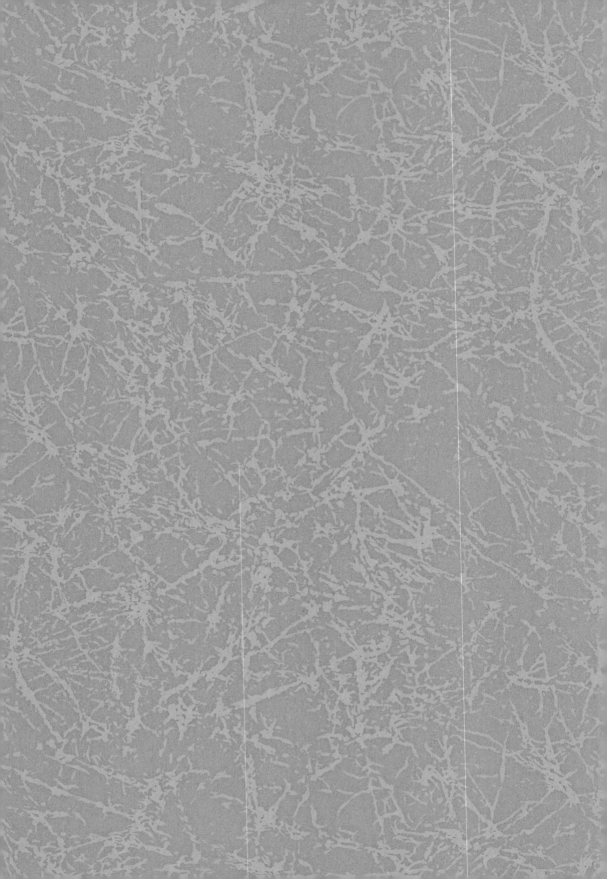

文化馆发展 十一讲

第二季

白雪华　李国新◎主编

国家图书馆出版社

图书在版编目（CIP）数据

文化馆发展十一讲. 第二季 / 白雪华，李国新主编. —
北京 ：国家图书馆出版社，2022.11
　　ISBN 978-7-5013-7439-7

　　I.①文… II.①白… ②李… III.①文化馆－发展－研
究－中国 IV.① G249.23

中国版本图书馆 CIP 数据核字（2022）第 004954 号

书　　名　**文化馆发展十一讲（第二季）**
著　　者　白雪华　李国新　主编
责任编辑　王炳乾
封面设计　项梦怡

出版发行　国家图书馆出版社（北京市西城区文津街 7 号　　100034）
　　　　　（原书目文献出版社　北京图书馆出版社）
　　　　　010-66114536　63802249　nlcpress@nlc.cn（邮购）
网　　址　http://www.nlcpress.com
排　　版　北京旅教文化传播有限公司
印　　装　河北鲁汇荣彩印刷有限公司
版次印次　2022 年 11 月第 1 版　2022 年 11 月第 1 次印刷

开　　本　710mm×1000mm　1/16
印　　张　17.5
字　　数　280 千字
书　　号　ISBN 978-7-5013-7439-7
定　　价　99.00 元

版权所有　侵权必究
本书如有印装质量问题，请与读者服务部（010-66126156）联系调换。

序

由文化和旅游部全国公共文化发展中心、中国文化馆协会主办，全国公共文化发展中心文化馆发展研究院提供学术支持，国家公共文化云、中国知网两个平台同期播出的"文化馆事业发展的思考与讨论（第二季）"，从 2021 年 3 月 24 日开始第一讲，到 6 月 2 日最后一讲落下帷幕，前后历时两个多月，有 11 位专家出场主讲，同时还有 16 位专家参与了点评和互动。

根据简单的统计，11 场讲座到最后一讲开播前为止，直播观看再加上回放观看的总人次已经达到了 220 多万，平均每场是 20 万人次左右，线上点赞有 2.7 万多人次。相信随着时间的推移，观看回放的人次还会进一步增加。这说明，全国文化馆（站）的从业人员对第二季"思考与讨论"给予了普遍的关注、广泛的参与，这是一个可喜的现象。

2020 年三四月份，新冠肺炎疫情给公共文化阵地服务带来巨大冲击，各级文化馆（站）线上服务迅速升温。在此背景下，为传播分享文化馆行业的新理念、新思考、新创造，推动交流互鉴，中国文化馆协会首创了"文化馆事业发展的思考与讨论（第一季）"。相比于第一季，第二季最主要的特点，是把行业发展的思考、工作部署和业界重大课题研究成果的交流以及业务培训有机地结合了起来，通过互联网平台进行了最直接、最广泛、最迅速的传播。

在第二季中，全国文化馆行业的龙头单位——全国公共文化发展中心，从白雪华主任到罗云川、尹寿松副主任，都对文化馆事业发展做出了思考，同时也做了工作部署。通过这个板块，全行业提高了认识，明确了方向，凝聚了共识，厘清了任务。2021年是"十四五"的开局之年，也是推动公共文化服务高质量发展的起步之年，对于高质量发展做什么、怎么做，通过这些发展方向的思考和工作的部署，大家都进一步明确了。

第二季讲授的主体，是"2020年文化馆事业高质量发展研究计划"重点课题的中期成果。2020年重点课题经过了认真的申报、遴选、评审。其实，重点课题涉及的问题，就是文化馆领域的一些重大现实性问题，课题组组织了专门的队伍，进行了一段时间的研究，他们把自己的研究成果向全行业做了一次汇报，使得第二季从内容上来看，具有了切入事业发展重大现实性问题的鲜明特点。

重点课题中期研究成果的交流还实现了一个目的，就是推出了一批新人。这样的方式让一批新的研究力量走向了舞台中央，使第二季的讲座平台变成了推出新人、培育新人、锻炼新人的平台。不断地有新人涌现，这才是文化馆事业能够持续发展、持续兴旺发达的根本性基础，第二季在这个方面创造了经验。

既然叫作"思考与讨论"，就需要有广泛的参与性。因此，第二季的大部分专题都专门设计了点评和互动环节，希望通过点评和互动，能够增加讨论色彩和交流色彩，能够听到一些不同的想法和不同的声音，真正体现出这是一次讨论，是一次思考。

总体上看，第二季从内容到形式，交流了成果，凝聚了共识，推出了新人。这样的机制需要进一步去研究、总结和完善，把它应用到以后更多的工作当中去。

这次"文化馆事业发展的思考与讨论（第二季）"已告一段落。这次活动产生了什么影响？我们从中看到了什么？首先，我们看到，作为行业发展"龙头"，全国公共文化发展中心、中国文化馆协会在推动事业发展方面发挥了组织、协调、指导、引领的作用。可以说，没有行业龙头的组织协调和指导引领，就不会有这样规模的交流平台、学习平台，也不会让全行业 10 多万人通过互联网凝聚在一起。

同时，通过这次活动，我们还看到这些年来持续推动文化馆理论体系构建、持续推动文化馆领域重大现实性问题学术研究所带来的成效。这种组织化的研究，这种理论与实践紧密结合的研究，不仅出了成果，还出了人才。

另外，通过这次活动，我们还看到了业界所有的从业人员对事业发展的高度关注、高度参与，这才是我们的事业能够持续发展的根本动力。

今后，我们还要持续推动文化馆领域的学术体系建设、理论体系构建工作。近期，要将几件重要的事情推动起来，包括：创办文化馆领域第一份全国性的、权威性的、学术性的专业期刊《中国文化馆》，在 2021 年推出创刊号，改变文化馆领域长期以来缺乏高水平、权威性研究成果发布平台的现状；通过举办中国文化馆年会，继续推动文化馆领域重大现实性问题的理论研究；继续举办全国文化馆理论体系构建学术研讨会，延续往届的一些做法，持续推动文化馆理论体系构建、学术体系构建。

我们的目标，是通过持续不断的努力和推动，构建起中国特色鲜明的中国文化馆学，让文化馆事业在文化强国建设的过程中，在构建现代公共文化服务体系的过程中，发挥更大的作用，提高行业的影响力、知晓度，在"十四五"期间推动中国文化馆事业迈上一个新的高度，实现新的高质量发展。

本书是"文化馆事业发展的思考与讨论（第二季）"系列网上讲座交流活动的"实录"。全书的编辑沿用第一季成书的方式，从讲座顺序到每一讲的流程，都保留了原貌。主讲人的讲稿、在线交流文稿，根据现场音频整理而来，编辑时仅做了有限的文字修饰。本书将数字化记录变为书面文字记录的同时，提供每一讲的二维码，让读者可以通过扫码，观看讲座视频，建立线上与线下相结合的学习方式。第二季活动期间，各地文化馆（站）积极组织收看学习，并通过本地公共文化服务平台转载分享讲座内容，让活动产生了更广泛的影响。

本书的顺利出版，首先要感谢各位主讲专家的授权，同时要感谢全国公共文化发展中心文化馆处（中国文化馆协会秘书处）、文化馆发展研究院、合作单位中国知网、国家公共文化云运营团队的辛勤奉献，感谢国家图书馆出版社的鼎力支持。

李国新

北京大学教授

文化和旅游部国家文化和旅游公共服务专家委员会首席专家

文化和旅游部全国公共文化发展中心文化馆发展研究院院长

二〇二一年六月

目 录

2021年文化馆行业建设与发展要点

主讲人简介

白雪华，文化和旅游部全国公共文化发展中心主任、中国文化馆协会理事长。

主持人开场词

文化馆（站）的各位同人，各位网友，大家好！

欢迎收看"文化馆事业发展的思考与讨论（第二季）"。

2020年，为应对新冠肺炎疫情给文化馆事业发展带来的机遇与挑战，创新发挥平台作用，促进行业交流，文化和旅游部全国公共文化发展中心、中国文化馆协会通过国家公共文化云，举办了"文化馆事业发展的思考与讨论（第一季）"开放性研讨活动。十一场专家主题论坛和互动交流汇聚云端，得到全国文化馆界的热切关注和积极参与。

2021年是中国共产党成立100周年和"十四五"规划的开局之年，文化馆事业也将迎来新的征程与使命。为此，全国公共文化发展中心和中国文化馆协会策划了第二季"思考与讨论"，集结行业的管理者、研究者和实践者，通过主旨报告、专题点评等形式，就行业发展一系列重点、热点议题展开多层面、多角度的探讨交流，为新时期文化馆事业的改革转型和高质量发展话思路、谈路径、谋新篇。

本季讨论将从3月24日起，于每周三下午三点，通过国家公共文化云、中国知网，同步面向全国文化馆（站）和社会各界进行网络直播。

我是本季讨论的主持人——全国公共文化发展中心文化馆发展研究院秘书长李亚男。

2020年，全国公共文化发展中心和中国文化馆协会充分发挥行业龙头作用，以全民艺术普及和优秀传统文化保护与传承为己任，引领全国文化馆（站）观念革新、实践创新，为推进城乡公共文化服务体系一体化建设，健全群众文化活动机制，推动公共数字文化建设，开创文化馆事业发展的新格局，打出了一套有力的组合拳。

2021年，在文化和旅游部的总体部署下，全国公共文化发展中心和中国文化馆协会又将以哪些着力点带领全国文化馆（站）深化改革、转型升级，实现文化馆事业的高质量发展，相信是当前全行业普遍关心的话题。

本季讨论，我们请到了全国公共文化发展中心主任、中国文化馆协会理事长白雪华作为首场嘉宾，为大家做"2021年文化馆行业建设与发展要点"的阐释。

大家在嘉宾分享过程中，可以通过播出界面下方的互动区给嘉宾留言、提问。分享结束后，我们将请嘉宾为大家答疑解惑。

下面，有请白主任为我们开启本季第一讲"思考与讨论"。欢迎白主任！

 **讲稿精粹**

大家好！今天很荣幸作为"文化馆事业发展的思考与讨论（第二季）"的第一讲嘉宾，给大家介绍一下文化和旅游部全国公共文化发展中心2021年的工作重点。

一、职能转变，推进全民艺术普及和公共数字文化建设

原来全国公共文化发展中心主要依托原文化部实施的"全国文化信息资源共享工程"和"公共电子阅览室建设"项目开展数字化服务，但是随着网络日益普及，手机日益成为老百姓获取信息的主要手段，文化和旅游部党组对于下一步公共数字化工程的实施也有了新的考虑。

2020年部党组通过了新的"三定方案"，明确了文化和旅游部全国公共文化发展中心要转变职能。它的具体职能主要是承担全民艺术普及等公共文化服务相关任务，推动全国文化馆（站）数字化建设，面向基层开展公共数字文化服务等相关工作。

也就是今后全国公共文化发展中心（以下简称发展中心）主要代行国家文化馆的职能，同时要继续发挥原有数字工程的优势，推进公共数字文

化建设，另外还要按照部党组的要求，贯彻落实文化和旅游部公共服务司具体交办的各项工作任务。

二、文化和旅游部全国公共文化发展中心的工作任务

到目前为止，发展中心经过一年的磨合，已经形成了工作的基本框架，确定了工作任务。具体的工作内容分为以下三个方面：一是发挥文化馆行业龙头的地位，指导、推动文化馆事业整体发展；二是公共数字文化建设；三是承接文化和旅游部公共服务司交办的全国性的一些具体工作。

今天从这三个方面为大家介绍一下 2021 年我们要开展的具体工作。

（一）通过四个会一个展的形式，推动文化馆行业建设

在推动文化馆行业建设方面，发展中心、中国文化馆协会首先要发挥龙头作用，团结全国各级文化馆（站）同人一起凝聚共识、集思广益，从而推动文化馆事业发展。总结今年要干的事情，有四个会议和一个展览。

四个会议：第一个会是全国副省级以上文化馆馆长联席会议。第二个会是地市级文化馆百馆联动，将原来的地市级百馆联动改为由发展中心主办的会议。第三个会是县级文化馆百馆论坛，将原有的县级百馆论坛也纳入发展中心主办的重点会议。在省和副省级、地市级、县级这三个层次，发展中心都要积极和各级文化馆同人一起研究问题，推出项目，共同发展。第四个是 2021 年中国文化馆年会，今年的中国文化馆年会经过各地的积极申办，定在湖南长沙举办，希望此次会议能成为新冠肺炎疫情之后，文化馆同人欢聚的一个大会。

一个展览：指的是在年会期间同步举办的全国公共文化和旅游产品的采购大会，这是第一次真正意义上的线下全国性文旅产品采购大会。因为新冠肺炎疫情，去年在东莞举办的中国文化馆年会、公共文化和旅游产品采购大会缩小了规模，主要依托线上开展。希望大家齐聚长沙，共同为文化馆事业出谋划策。

（二）文化馆行业建设

1. 围绕建设文化馆发展研究院，推动文化馆行业理论发展

对于文化馆行业建设，我们还要做哪些工作呢？文化馆是没有学科支撑的，为了充分吸纳各界人士的真知灼见，2020 年发展中心组建了文化馆发展研究院（以下简称发展研究院）。发展研究院的学术委员主要由三类人员组成：第一类是高校研究者；第二类是各级文化行政部门管理者；第三类是各级文化馆馆长。

（1）发展研究院主要开展制度设计、案例分析以及调研工作，逐渐为文化馆建立一个学科体系，推动行业的高层次发展。发展研究院成立以来已经做了很多工作，比如去年发布了"文化馆事业高质量发展研究计划"课题征集，各地方非常踊跃，经过严格遴选，重点课题和青年课题得以确定，发展中心专门拿出一笔资金，对这些课题予以支持。

（2）为了提升整个文化馆行业的理论水平，开展了文化馆蓝皮书的编撰，同时发展中心还和国家图书馆出版社做了沟通，依托国家图书馆出版社，把全国文化馆同人编写的与文化馆相关的文章进行成规模、成体系的出版。之前文化馆协会也下发了相关通知，希望大家认真组织，共同为文化馆下一步发展积极思考，形成理论著作。

（3）文化馆的核心期刊建设提上日程。去年发展中心在东莞与同方知网签订了合作协议，委托同方知网加强核心期刊的建设，这项工作正在积极推进中。对于 2021 年的文化馆辑刊，希望大家也积极参与投稿。当然我们也注重质量，肯定会有一个严格的遴选机制，要把整个文化馆行业最精彩的、最反映事业发展前沿的专著、文章呈现出来。

2. 以项目带发展：策划核心项目——"一个总平台　三个中心"

文化馆行业建设最核心的是策划项目，以项目带动事业发展，以项目来团结各级文化馆，在这方面主要的工作是依托一个总平台，打造三个中心。

（1）一个总平台

充分发挥全民艺术普及中心的作用，依托国家公共文化云，打造一个全民艺术普及的总平台，其终端展现主要是在手机端。

（2）三个中心

第一个中心是文化馆最核心的业务——群众文化活动中心。国家"十四五"规划以及今年的《政府工作报告》明确要求要开展群众性文化活动，所以第一个中心就是要打造群众文化活动中心，而这个活动中心因为新冠肺炎疫情的关系，是线下线上联动，同步打造。今年在线下我们要在全国开展四项重点活动。

第一项重点活动是乡村"村晚"。在2021年春节期间，国家公共文化云、央视频、中央电视台都播出了很多有关我们举办的乡村"村晚"活动的报道，下一步我们将持续推进清明、中秋、国庆、元旦、春节的相关活动。因此希望各级文化和旅游部门、各地文化馆要积极参与，积极报名，把家乡最美好的一面呈现给全国观众。

第二项重点活动是广场舞。今年文化和旅游部公共服务司要求发展中心组织全国广场舞相关活动，所以发展中心会继续和央视频合作，"大屏小屏联动"，采取各地设分会场、各地都设直播台的方式，将广场舞活动进行全国范围的组织推广。

第三项重点活动是群众歌咏大家唱。这是今年庆祝建党100周年的一个重头戏，这项活动由文化和旅游部公共服务司具体牵头部署，发展中心具体承办。首先在四川南充启动，然后在宁夏、陕西等地设立分会场，旨在以群众歌咏大家唱活动反映群众向建党100周年献礼的心声。

第四项重点活动是"乡村网红"培育计划。这是发展中心积极实施的另一项需要各地文化馆配合的工作。发展中心和央视频密切合作，在全国以县为单位遴选本地的网红，由文化馆作为具体的组织实施单位，把本地的美景、美食、民俗、才艺通过央视频、国家公共文化云展现给全国人民。本次活动还可通过直播带货对地方经济起到促进作用，实现事业和产业同步发展。

第二个中心是全民艺术普及国家资源中心。"十三五"之末，财政部、文化和旅游部都要求发展中心要策划继"全国文化信息资源共享工程"之后的新的数字化项目，实现转型升级。

2020 年发展中心以及发展研究院集中力量，共同组织策划了国家公共文化云项目。中央财政每年拨付 3.6 个亿的转移支付资金，用于支持国家云与地方云的建设。发展中心的实施方案已经明确写出这些转移支付资金主要用于各级文化馆的数字化建设。比照"十三五"时期，对于文化馆行业来说，该方案下数字化建设的经费有所增加。

上述资金由中央财政拨付到各级省财政，由省财政和省文旅厅来明确资金的使用方向和使用范围。这些经费主要用于地方公共文化云的建设，其与国家公共文化云形成对接。各地公共文化云的情况分为两种，第一种是已建的地方文化云平台，这类无须推倒重来，但要与国家公共文化云的各类板块进行对接，比如国家公共文化云设有包含各类直播活动的"看直播"栏目，地方也应设立这个栏目，投入相应的资金，拍摄相应的活动。对于"订场馆""享活动"等栏目，地方也要上传当地公共文化设施及各类讲座、活动的信息，形成全国一张网。同时对于"赶大集""读好书""学才艺"等栏目，地方都要按照国家公共化云的要求，相应地为国家公共文化云提供本地的各类信息。第二种情况是未建立文化云的地方文化馆，发展中心已经组织力量专门研发了"公共文化云基层智能服务端"，可以提供给地方进行免费下载、免费搭建，地方在建设期间有问题可随时与发展中心联系，发展中心会予以具体指导。

其实国家公共文化云最核心的工作还是资源建设，要对各地的特色文化资源，包括民俗、非遗等内容进行拍摄录制，形成数字文化资源，上传到国家云，形成文化馆系统的一个全国性的全民艺术普及国家资源中心。

第三个中心是全国公共文化和旅游产品交易中心。依据文化和旅游部党组的"三定方案"，全国性及区域性的公共文化和旅游产品的交易平台的搭建工作由发展中心落实主办。下一步，发展中心暂定于2021年年底在长沙召开全国公共文化产品和服务采购大会。同时我们会在公共服务司的具体指导下，积极推动长三角、大湾区、京津冀、成渝地区、黄河流域的文采会，积极搭建区域性公共文化和旅游产品的交易平台，真正把"十四五"规划提出的供给侧结构性改革在文化和旅游领域落地，引入社会力量，引入市场机制，让公共文化产品的供给丰富起来，丰富百姓的精神文化产品。

这项工作具体体现在国家公共文化云"赶大集"栏目，希望各位文化馆人对其给予高度关注。"赶大集"栏目主要面向百姓，下一步我们会给各级文化馆开设专店，推广各地非遗传承人的产品、精神文化类产品，我们共同打造一个"文化淘宝"。为了给供给者、需求者以及百姓和各级公共文化机构提供方便，我们与深圳文化产权交易所达成了合作协议，与其共同运营"赶大集"栏目，共同打造一个"文化淘宝"。

以上就是发展中心转变职能之后要打造的以国家公共文化云为服务端的全民艺术普及的总平台以及群众文化活动中心、全民艺术普及国家资源中心、公共文化和旅游产品交易中心。这一个总平台三个中心，希望大家牢记，这既是发展中心的重点工作，也是下一步各级文化馆探索前进的方向。

（三）行业组织建设

1. 中国文化馆协会2021年的重点工作

中国文化馆协会（以下简称文化馆协会）今年主要的工作是做好专业委员会的建设，经过各地申报、集体投票以及后期评审，最后确定建立13个专业委员会，这13个专业委员会正在陆续设立。设立之后，各级文化馆的同人要做好监督工作，每个专业委员会都要组织品牌性的群众文化活动，真正起到专业委员会应有的作用，不能虚得其名不做其事。对于专业委员会，我们设立一个，就要成功一个。文化馆协会将对专业委员会的品牌性活动予以政策支持和资金支持。文化馆协会的另一项重点工作是今年的中国文化馆年会。

2. 中国群众文化学会挂靠发展中心

发展中心正在积极推进中国群众文化学会（以下简称群众文化学会）的换届工作，群众文化学会下一步也将落户发展中心，成为发展中心两个重要的行业组织之一。群众文化学会有一项重要的工作是组织开展国际民间艺术节组织理事会①（CIOFF）中国委员会的工作，这是文化馆行业与世界沟通的最重要的一个渠道，下一步文化馆行业的国际交流主要依托CIOFF中国委员会开展。发展中心与CIOFF进行沟通，积极参与各项活动，积极融入民间文化交流的国际大舞台。届时我们会组织全国各地文化馆相应的节目，参与国际交流合作。同时我们要引进来，在国内开展各类国际性民间文化交流、品牌建设。

（四）积极承接文化和旅游部部署的各项工作

1. 第五次文化馆评估定级

关于文化馆评估定级，目前因为新冠肺炎疫情的关系，实地检查无法正常开展，现在文化馆协会正在开展线上评估。文化馆协会组织了评估组，评估组成员是由协会推荐，以文化馆发展研究院专家为主，集合了各级文化馆馆长。文化和旅游部公共服务司最终确定评估组的名单。关于线下评估，如果条件允许，能够组织评估组进行实地检查的，我们还要到各地去。为什么？不是到基层对各地的工作指手画脚、进行指导，而是因为作为文化和旅游部的一项重点工作，文化馆评估定级的实地检查可以争取到当地党委、政府乃至省文旅厅对于当地文化馆事业的重视和关注。而且评估组可以代当地文化馆同人向当地党委反映情况。在之前的评估定级工作中，我们发现这是一个非常有效的手段，当地领导重视了，才会投入资金和力量予以改进。所以只要线下评估有条件开展，我们还是要开展。

---

① 国际民间艺术节组织理事会（International Council of Organizations of Folklore Festivals and Folk Arts），英文缩写为CIOFF，隶属于联合国教科文组织。

2. 中国民间文化艺术之乡评审命名

中国民间文化艺术之乡评审命名是今年文化和旅游部公共服务司的一项重要工作，现在由文化馆协会积极推进。中国民间文化艺术之乡评审命名工作三年进行一次，今年新一轮的申报工作已开始，文化馆协会正在积极制订方案，大约在4月份，会选择一个地方开一个启动会，同时集中各地文旅部门公共服务处处长和文化馆馆长来共同研讨民间文化艺术之乡下一步工作。

3. 国家公共文化服务体系示范区的后续建设和管理

这项工作由文化和旅游部公共服务司具体牵头，文化馆协会根据公共服务司的要求积极参与，其中包括标准的制定、动态管理平台的搭建等工作。文化馆协会将会依托国家公共文化云为公共服务司和各地的示范区做好服务工作。

4. 举办"新年画"展览

"新年画"由中宣部文艺局、中央文明办、文化和旅游部公共服务司、中国美术家协会主办，发展中心和中国文化传媒集团作为承办单位，文化馆协会、中国手艺网作为实施单位，线上展览持续推进，线下正在各地开展巡展。今后它将成为春节期间首都市民文化活动的一个重要品牌，所以我们跟首都博物馆达成了合作意向，以后每年春节都在首都博物馆举办线下展览，同时将优秀作品入藏首都博物馆。这项工作今年已经启动，希望各级文化馆要高度重视。

5. 推动文化和旅游志愿服务

"火车火车向哪开"是2020年由文化和旅游部公共服务司指导、发展中心具体执行的一项文化和旅游志愿服务，2020年发展中心还具体执行了在中山市举行的文化和旅游志愿服务项目展演展示活动。今年在文化和旅游志愿服务方面，发展中心还会继续配合公共服务司做好各项工作。

新冠肺炎疫情之下，线上线下联动应该是今后文化馆工作的一个常态化手段。线下在做好新冠肺炎疫情防控的同时，也要积极创造条件，活跃当地群众的文化生活。同时线上的地方公共文化云建设项目也要积极和国家公共文化云对接，把当地好的节目及时上传。发展中心也开通了渠道，安排优秀作品在国家公共文化云直播，乃至推荐到央视频、央视播出。

欢迎大家对发展中心和文化馆协会的工作积极提出意见和建议。按照文化和旅游部的"三定方案"，发展中心的服务对象从村社区文化室到乡镇街道文化站，再到县级以上的各级文化馆。所以欢迎各地文化馆（站）同人来到北京，到北海公园西侧古色古香的国家图书馆古籍馆里面的临琼楼——文化馆的娘家做客。我代表全国公共文化发展中心以及中国文化馆协会全体同人热忱地期盼着你们！

 **互动交流**

主持人：

感谢白主任带来的精彩讲解！接下来，我会从网友的留言当中，选出几个问题，请您给大家进一步指导和解答。有网友提问：在"十四五"时期，基层文化馆（站）在乡村振兴战略中怎样发挥作用？

白雪华：

乡镇街道文化站是文化工作的末梢，是独具优势，也是具有独特魅力的地方。县级以上的文化馆很重要，但是县级以下更重要。乡镇街道文化站基本上都是各地乡村文化建设的标志性场所，这么多年来一直支撑起了乡土文化的脊梁。下一步在这方面发展中心是怎么考虑的，我这里也跟大家做一个介绍。

一方面要针对乡村积极地策划项目。发展中心的基层服务处专门设立了乡村公共服务研究院，主要是针对文化和旅游融合问题、乡土文化的保护问题、民间文化的传承发展问题开展课题研究，策划项目，争取资金。接下来我们还要成立基层公共数字服务研究院，其中的"基层"主要指县及县以下。线上服务下一步的重点也是县以下以乡镇为主体的数字化服务，要把丰富的资源输送到每个农村老百姓的手中，丰富他们的精神文化生活。乡村公共服务研究院、基层公共数字服务研究院、文化馆发展研究院都将会重心下移，服务基层。

乡村振兴对我们来说就是乡村文化建设，我们策划了一些项目。第一个项目是"乡村网红"培育计划，这项工作去年已经开始，今年登陆央视频。它一方面是可以反映当地的乡土、乡情、美景、美食；另一方面是把当地的文脉传承下去、保留起来，让每一个家乡人回到家乡都能够看到乡愁、留得住乡愁。第二个项目是文旅融合工作，目前我们正在积极推进乡村旅游或者是农家乐的品质的提高。旅游一定要注入文化的灵魂，要有内容，让每一个到农村的游客不仅仅看到美景，吃到美食，同时还要看到当地的风土人情，感受当地的文化魅力，这是比较核心的一个要素。在这方面我们也正在启动《民族民俗文化旅游示范区认定》国家标准修订工作，它原来是旅游系统涉及公共服务的一个国家标准，我们正在对它进行修订，让它变为促进乡村振兴，打造美丽乡村，推动文旅融合，特别是提升乡镇街道文化站效能的一个重要保障。目前标准修订工作正在顺利推进，下一步我们会重点在这个项目上为各地的乡村振兴助力。

另外一点，对于公共文化设施运营和管理开展委托服务，我非常赞同这种做法，特别是乡镇街道文化站应该引入社会力量，委托社会力量来运营。在这方面，有一些典型案例，如上海几乎全部的街道文化站委托社会组织来运营，北京石景山全部街道文化站也都是委托各类社会主体来运营，而北京海淀北部文化中心文化馆和图书馆是分别委托两个公司来运营。

社会力量运营最大的一个好处是什么？在服务时间上，这种模式能够直接和老百姓的需求对接起来；从服务效能上，有针对性地开展各类专题性服务的能力提高了。但对于县级以上文化馆，我认为还是以政府主导为宜。《关于推进县级文化馆图书馆总分馆制建设的指导意见》（文公共发〔2016〕38号）在鼓励社会参与的同时，也强调政府主导。社会力量，特别是企业，运营公共文化设施的目的是营利，这与公共文化机构的属性存在天然矛盾，我们需要认真思考，掌握平衡。上述上海及北京海淀、石景山的案例做了有益探索，进行了前沿性的思考。希望大家在这方面多交流。

以上就是关于基层文化馆（站）与乡村振兴的内容我要谈的一些感受，一家之言，供大家借鉴参考。

 **主持人结束语**

因为时间原因，今天的交流互动就到这里。感谢白主任的精彩答疑，感谢各位同人、网友的积极互动。

本季第二讲"思考与讨论"，将于3月31日周三下午三点准时开始。我们将请文化馆发展研究院院长、北京大学信息管理系教授李国新，为大家带来"推动文化馆事业高质量发展的思考"主题讨论。敬请期待！

各位同人、各位网友，今天的"思考与讨论"就到这里。感谢大家的收看，我们下期见。

直播间二维码

第二讲

推动文化馆事业高质量发展的思考

主讲人简介

李国新，北京大学教授，博士生导师。北京大学国家现代公共文化研究中心主任，文化和旅游部国家文化和旅游公共服务研究（北京大学）基地主任。兼任文化和旅游部国家文化和旅游公共服务专家委员会首席专家，文化和旅游部"十四五"规划专家委员会委员，北京市"十四五"规划专家咨询委员会委员，全国公共文化发展中心文化馆发展研究院院长。

主持人开场词

立足新阶段，贯彻新理念，构建新格局。

文化馆（站）的各位同人，各位网友，大家好！

欢迎收看"文化馆事业发展的思考与讨论（第二季）"。本季讨论由文化和旅游部全国公共文化发展中心、中国文化馆协会主办，国家公共文化云、中国知网同期在线播出。

我是主持人——文化馆发展研究院秘书长李亚男。

日前，国务院发布了"十四五"规划和2035年远景目标纲要[①]，明确将"推动高质量发展"作为未来五年乃至更长时期我国经济社会发展的主题，并对应提出了"提升公共文化服务水平"的新要求。

本季讨论的第二讲，我们请到了文化馆发展研究院院长、北京大学信息管理系教授李国新，就文化馆如何落实"十四五"时期文化和旅游发展战略，找准推动文化馆事业高质量发展的方向和任务，与大家分享其研究和思考。

大家可以在播出界面下方的互动区留言、提问，分享结束后，我们将请李老师为大家答疑解惑。

下面，欢迎李老师！

讲稿精粹

各位同人，大家好！非常高兴能有这样一个机会，在线上跟大家交流。2020年这个时候，中国文化馆协会组织了第一季线上讲座，根据2020年6月的统计，线上学习观看的人次高达650多万，这个数字非常可观。做个

---

① 即《中华人民共和国国民经济和社会发展第十四个五年规划和2035年远景目标纲要（草案）》。

比较，2017 年是近年来线下培训人数最多的年份，全国参与人次 160 多万，但 2020 年一个月的线上讲座，参与人次就达 650 多万，是 2017 年的 4 倍多，这不仅充分显示了互联网新媒体的力量，也体现了我们业界同人对事业发展的关注和思考。希望今年举办的第二季能够取得同样的效果。

今天我跟大家交流的话题是"推动文化馆事业高质量发展"，就我个人对文化馆发展的一些研究思考，跟大家进行交流探讨。主要聚焦两大问题：第一是从比较当中看文化馆的发展现状，第二是文化馆高质量发展的方向和任务。

一、从比较当中看文化馆的发展现状

通过比较，我们可以看一下中国的文化馆事业在整个公共文化服务体系当中的发展水平。怎么比较？第一是对中国公共文化服务体系当中最重要的三个机构——文化馆、公共图书馆、博物馆进行比较，第二是将文化馆和图书馆这两个被认为最基本的公共文化服务机构进行深入的分层次比较，第三是比较一下"十三五"时期文化馆和公共图书馆事业的发展态势，最后做一些中外对比。

（一）文化馆、公共图书馆、博物馆发展状况比较（见表 2-1）

根据文化馆、公共图书馆、博物馆发展状况的数据，可以得出的基本结论是：在文化馆、公共图书馆、博物馆这三个最主要的公共文化机构当中，文化馆总体发展水平相对滞后。反映文化馆发展的主要指标都低于公共图书馆和博物馆，比如从业人员、设施面积和人均面积、经费总投入和人均经费、服务总人次和人均利用次数等几个重要指标，文化馆在文图博三馆中都处于最低水平，这就是所说的总体水平相对滞后的基本依据。

文化馆与公共图书馆、博物馆相比，最大的短板是设施面积和经费投入，也就是说，最核心的保障也是文化馆事业发展最大的短板。当然，有短板的同时，也有优势，从总体上看，优势有三个。第一个优势是，文

表2-1　我国文化馆、公共图书馆、博物馆发展现状比较（2019年）

	机构数/个	从业人员								设施建筑面积		经费投入			服务人次②	
		总数/人	正高级职称人数/人	正高占总数比例/%	副高级职称人数/人	副高占总数比例/%	中级职称人数/人	中级占总数比例/%	从业人员与人口的大致比例	总面积/万平方米	每万人拥有面积/平方米	总数/亿元	按人口平均数/元	按服务人次平均数/元	总数/亿人次	按人口平均数/次
文化馆	3 326 (3 326)	53 589 (54 557)	1059	2.0	5 616	10.5	17 503	32.7	1：26000	1 175.0 (1 109.6)	83.9 (79.3)	131.32 (135.74)	9.38 (9.70)	16.70 (19.85)	7.86 (6.76)	0.56 (0.49)
公共图书馆	3 196 (3 176)	57 796 (57 602)	909	1.6	6 057	10.5	18 540	32.1	1：24000	1 699.7 (1 596.0)	121.4 (114.0)	192.87 (187.60)	13.77 (13.40)	18.93 (20.22)	10.19 (9.28)	0.73 (0.66)
博物馆	4 377① (4 169)	82 948 (80 837)	1697	2.0	4 522	5.4	12 740	15.4	1：16800	2 406.0 (2 248.1)	171.9 (160.6)	246.67 (224.85)	17.62 (16.06)	19.80 (24.31)	12.46 (9.25)	0.89 (0.66)

资料来源：《中国文化和旅游统计年鉴2019》及《中国文化文物和旅游统计年鉴2020》。

注：1. 此表不含港澳台地区数据。

2. 括号内为2018年数据。

① 此处为免费开放的博物馆数量，2019年全部博物馆数量为5132个（2018年全部博物馆数量为4918个）。

② 文化馆服务人次：文化服务惠及人次＋参观活动人次＋参加展览人次＋参加讲座人次＋参加培训人次；博物馆服务人次：参观人次＋参加活动人次。公共图书馆服务人次：总流通人次＋参加讲座人次＋参加读者活动人次。

化馆的机构数量比公共图书馆略多。到2019年底，全国文化馆的总数是3 326所，公共图书馆是3 196所。第二个优势是，文化馆具有高级专业技术职称的从业人员占比最高。在文化馆行业，具有副高级、正高级职称的占到了全部从业人员的12.5%左右，公共图书馆是12.1%，博物馆只有7.1%，所以，文化馆在高质量人才资源上占有优势。第三个优势是，文化馆与公共图书馆、博物馆相比，人均服务成本最低。说明文化馆用比较少的经费，服务了相对较多的人。

（二）文化馆和公共图书馆分层级比较（见表2-2）

在中国，目前公共文化服务机构最基本、最重要的是文化馆和公共图书馆。我国从"六五"开始提出了一个奋斗目标，叫作"县县有图书馆、文化馆"，到"十五"中期，这个目标基本实现。把文化馆、公共图书馆这两个最重要的公共文化服务机构做一个更深入、分层次的对比——按省级、地市级、县级分层级来比较，我们会发现一些问题。根据数据对比结果，至少可以得出以下三个结论。

第一，文化馆和公共图书馆这两个公共文化服务机构分层级比较，省级馆差距最大，县级馆大体持平。省级文化馆和省级公共图书馆发展水平差距是最大的，而县一级文化馆和公共图书馆发展水平大体相当。

第二，从省地县文化馆图书馆拥有资源与服务效能的综合比较上看，文化馆总体上呈"倒挂"状态。所谓"倒挂"状态，是说省级、地市级文化馆拥有的资源与公共图书馆相比差距较大，但是省级、地市级文化馆与公共图书馆相比，服务效能差距相对较小，也就是拥有资源差距大，服务效能差距小。县级文化馆拥有的资源比公共图书馆略占优势，但是从效能上来看，公共图书馆比文化馆略占优势。

第三，从省地县文化馆和公共图书馆各自的服务能力来看，也就是把人员、设施、经费平均占比与服务人次的占比进行比较，省级文化馆能力最强。省级文化馆占据了全行业4.5%的人员、设施、经费，产出了6.2%

表 2-2　我国文化馆和公共图书馆分层级比较（2019 年）

		机构数		从业人员			设施建筑面积		经费投入			服务人次①	
		机构数/个	占全国总数比例/%	从业人员数/人	占全国总数比例/%	馆均从业人员数/人	设施建筑面积/万平方米	馆均设施建筑面积/万平方米	经费投入/亿元	馆均经费投入/万元	按服务人次平均投入/元	服务人次/万人次	馆均服务人次/万人次
省级	文化馆	31 (31)	0.9	1792 (1799)	3.3	58	28.9 (26.0)	0.9 (0.8)	10.2 (9.1)	3300 (3000)	20.9 (32.6)	4877 (2800)	157.3 (89.9)
	公共图书馆	39 (39)	1.2	7546 (7537)	13.1	193	184.9 (179.8)	4.7 (4.6)	41.7 (48.4)	10700 (12000)	39.7 (44.0)	10500 (11000)	269.2 (282.1)
地市级	文化馆	359 (359)	10.8	10166 (10368)	19.0	28	232.9 (219.1)	0.7 (0.6)	32.7 (31.6)	915 (879)	21.9 (23.9)	15000 (13000)	41.8 (36.6)
	公共图书馆	379 (376)	11.8	15100 (15251)	26.1	40	503.9 (462.5)	1.3 (1.2)	57.8 (52.6)	1524 (1400)	18.4 (18.1)	31400 (29000)	82.9 (77.7)
县市级	文化馆	2936 (2936)	88.3	41629 (42390)	77.6	14	913.1 (864.5)	0.3 (0.3)	88.3 (95.1)	300 (324)	15.0 (18.1)	58700 (52000)	20.0 (17.8)
	公共图书馆	2777 (2760)	86.9	33739 (33370)	58.4	12	983.1 (925.9)	0.3 (0.3)	83.9 (76.1)	300 (276)	14.1 (14.7)	59300 (52000)	21.4 (18.8)

资料来源：《中国文化和旅游统计年鉴 2019》及《中国文化文物和旅游统计年鉴 2020》。

注：1. 此表不含港澳台地区数据。

2. 括号内为 2018 年数据。

①文化馆服务人次：文化服务惠及人次+参加活动人次+参观展览人次+参加讲座人次+参加培训人次；公共图书馆服务人次：总流通人次+参加讲座人次+参观展览人次+参加读者活动人次。

的服务效益；县级文化馆用占据了全行业 74% 左右的人财物资源，贡献了 74.7% 的服务效益；地市级文化馆用占据了全行业 21% 以上的资源，贡献了 19% 左右的服务效益。这也说明，在中国，地市级文化馆占据的资源比较多，即人财物保障地市级相对较好，但服务效益没有做到跟它所占有的资源同比例发展。

公共图书馆的情况不完全一样。在我国，对公共图书馆做占据行业资源与效益的比较，结果是县级馆最强，其次是地市级馆，省级馆是最弱的。省级馆在公共图书馆行业中占据最多的资源，但它产出的服务效益相对来说与其拥有的资源不太匹配。

由此我们也可看出这两个公共文化服务机构的一些不同的特点，也可以看出省地县三级文化馆各自发展的一些基本特点和基本趋势。

（三）"十三五"时期文化馆和公共图书馆发展状况比较（见表 2-3）

"十三五"应该是到 2020 年结束，但 2020 年因为新冠肺炎疫情原因，公共文化服务机构的服务人次大幅度下滑，参考意义不大，因此我们选取"十三五"开局的 2016 年和结束前的 2019 年的数据进行比较。从这些数据比较当中，我们可以得出以下结论。

第一，文化馆和公共图书馆保障条件差距进一步拉大，服务人次差距有所缩小。说明文化馆领域的同人在比较艰苦的条件下做出了更多的努力和贡献。

第二，省级和地市级文化馆服务效能改善明显，服务人次增长幅度超越公共图书馆。"十三五"时期，省级公共图书馆的服务总人次是下降的，地市级公共图书馆的服务总人次也在下降，而文化馆的在大幅度上升，这是一个比较明显的变化。比如省级文化馆 2019 年和 2016 年相比，服务人次增加超过 270%，增长的幅度还是比较可观的。由此可见，省级、地市级文化馆的服务效能在步入良性发展区间。

第三，中国的省级文化馆开始进入了快速、良性发展阶段。这是

表2-3　"十三五"时期我国文化馆和公共图书馆发展状况比较（2019年）

			机构数		从业人员		设施建筑面积		经费投入		服务人次①	
			总数/个	增长率/%	总数/人	增长率/%	总数/万平方米	增长率/%	总数/亿元	增长率/%	总数/万人次	增长率/%
全国	文化馆	2016年	3 322		55 491		1 012.56		107.11		51 300	
		2019年	3 326	0.1	53 589	-3.5	1 175.02	16.05	131.32	22.60	78 600	53.22
	公共图书馆	2016年	3 153		57 208		1 424.26		145.15		73 200	
		2019年	3 196	1.4	57 796	1.0	1 699.67	19.34	192.87	32.88	101 900	39.21
省级	文化馆	2016年	31		1 859		24.38		7.19		1 313	
		2019年	31		1 792	-3.6	28.92	18.62	10.20	41.86	4 877	271.34
	公共图书馆	2016年	39		7 760		176.97		31.87		10 900	
		2019年	39	0.3	7 546	-2.8	184.89	4.48	41.65	30.69	10 500	-3.80
地市级	文化馆	2016年	358		10 568		200.54		27.52		9 436	
		2019年	359	0.3	10 166	-3.8	232.93	16.15	32.85	19.37	15 000	58.90
	公共图书馆	2016年	369		15 070		420.60		43.29		22 300	
		2019年	379	2.7	15 100	0.2	503.91	19.81	57.75	33.40	31 400	40.81

续表

		机构数		从业人员		设施建筑面积		经费投入		服务人次	
		总数/个	增长率/%	总数/人	增长率/%	总数/万平方米	增长率/%	总数/亿元	增长率/%	总数/万人次	增长率/%
县市级	文化馆 2016年	2 933	0.1	43 064	-3.5	787.64	15.94	72.41	21.90	40 600	44.58
	文化馆 2019年	2 936		41 629		913.17		88.27		58 700	
	公共图书馆 2016年	2 744	1.2	32 845	2.7	798.89	23.05	61.49	36.41	39 500	50.13
	公共图书馆 2019年	2 777		33 739		983.07		83.88		59 300	

资料来源：《中国文化文物统计年鉴 2017》及《中国文化文物和旅游统计年鉴 2020》。

注：此表不含港澳台地区数据。

①文化馆服务人次：文化服务惠及人次＋参加活动人次＋参观展览人次＋参加讲座人次；公共图书馆服务人次：总流通人次＋参加读者活动人次（参加讲座人次＋参观展览人次＋参加培训人次）。

"十三五"期间的一个比较明显的变化，标志是省级文化馆经费增长幅度超过了省级公共图书馆，服务效能超高速地增长了270%以上，这是前所未有的。省级文化馆在文化馆领域中保障条件相对较好，由此也印证了在保障条件基本到位的基础之上，服务效能可以跨越式发展。

第四，县级文化馆优势不再。这一点特别值得关注。2019年是分水岭。以前我国文化馆与图书馆相比，在县级层面上文化馆是强于图书馆的。比如在经费投入上，2018年县级文化馆的总经费比县级公共图书馆高25%，平均每个馆要高将近20%；但到了2019年，全国县级文化馆的总经费只比县级公共图书馆高了5%，馆均则持平。在服务人次上，2018年县级文化馆、图书馆基本上是持平的，到2019年，县级公共图书馆的服务人次历史上第一次实现了反超，超过了文化馆。从数据中可以看到，2019年县级文化馆的总服务人次5.87亿，县级公共图书馆5.93亿，而在2016年还是文化馆服务人次多于公共图书馆。原本文化馆、图书馆相比，县级文化馆是占优势的，但"十三五"期间格局发生了变化。在从业人员上，"十三五"期间不论文化馆、图书馆、博物馆，人员的增长都很有限，但总体上看，县级公共图书馆的从业人员增长了2.7%，而县级文化馆的从业人员减少了3.5%，一增一减，差距进一步拉大。

（四）中国文化馆（站）与日本公民馆比较（见表2-4）

最后做一个国际比较。有人认为文化馆是中国独有的，其他国家没有，我认为这种说法并不准确。名称为"文化馆"的机构只有中国有，但与文化馆功能类似的文化服务机构，世界各国都有。放眼国际，跟中国文化馆性质功能最接近的是日本的公民馆，我们就利用比较新的数据，把日本的公民馆与中国的文化馆做个比较。

日本的行政体制分为都道府县、市（区）、町、村，一共四级，有别于中国的省、地、县、乡、村五级。日本的都道府县和市（区）这两级公民馆，相当于我国的文化馆，都道府县、市（区）、町、村这四级公民馆，

表 2-4　中国文化馆（站）与日本公民馆比较

	设施数量			从业人员		讲座、培训②				其他活动③				文化志愿者		服务人次④	
	总数/个	馆均覆盖人口/万人	设置率①/%	总数/人	从业人员与全国人口的大致比例	次数/万次	馆均次数/次	参加人次/万人次	参加人次占全国人口比例/%	次数/万次	馆均次数/次	参加人次/万人次	参加人次占全国人口比例/%	总数/万人	占全国人口比例/‰	总数/亿人	按全国人口平均数/次
中国文化馆（站）	44073	3.18	102.3	190068	1:7360	92.77	21.05	6114.39	4.4	170.01	38.57	80200	57.29	—	—	15.74	1.10
日本公民馆	14281	0.88	81.6	45614	1:2780	36.40	25.45	792.52	6.3	22.60	15.83	1810	14.37	11.94	0.95	1.95	1.54
中国文化馆（省、地、县级）	3326	42.09	103.5	54537		40.56	121.95	2716.49	1.9	50.85	152.88	44100	31.50	145.06	1.03	7.86	0.56
日本公民馆[都道府县、市（区）级]	9036	1.39	84.2	—		—	—	726.65	5.8	19.43	21.50	1576	12.03	9.52	0.76	1.48	1.20

资料来源：《中国文化文物和旅游统计年鉴 2020》及 "社会教育調查／平成 3 0 年度／統計表／公民館調查（公民館）"（https://www.e-stat.go.jp/stat-search/files?page=1&query=%E5%85%AC%E6%B0%91%E9%A6%86&sort=stat_name%20desc&layout=dataset&year=2018%2C201801&metadata=1&data=1）。

注：1. 此表为 2019 年中国文化馆（站）各项数据与 2018 年日本公民馆各项数据的比较。

2. 此表中国文化馆（站）数据均不涵盖港澳台地区。

① 此处设置率是分别以两国各级行政区数量为准计算而得。其中：中国省级文化馆设置率为 100%，地市级文化馆设置率为 107%，县市级文化馆设置率为 76.9%；中国文化馆（站）数据均以数量覆盖地区数计算而得。其中：日本町、街道文化站设置率为 103%，乡镇、街道文化站设置率为 105%；日本町、村公民馆设置率为 107%，村公民馆设置率为 76.9%。

② 中国文化馆（站）讲座、培训包括各种班和公益讲座。培训包括各类培训班、讲座。日本公民馆各类讲座、讲座。

③ 中国文化馆（站）其他活动包括各种文艺活动、展览和馆办各种文艺活动，展览展出活动；日本公民馆其他活动包括各类演讲会、体验会、鉴赏会、文体活动。

④ 中国文化馆（站）服务人次：文化服务惠及人次 + 参加活动人次 + 参观展览人次 + 参加讲座人次。

相当于我国的文化馆和乡镇（街道）文化站。日本全国公民馆的总数是14 000多所，中国文化馆加上文化站总数是44 000多所，所以可算出馆均覆盖的人数和平均的设置率。从业人员也有数据。开展活动的类型，从总体上来看，不论中国的文化馆、文化站还是日本的公民馆，大体可以归类成讲座培训类和活动类。通过以上数据比较，我们可以看出中国文化馆的优势和差距。

优势在于，中国文化馆按行政区划计算的设置率、群众文化活动参与率以及文化志愿者占总人口的比例是优于日本的。比如说全国文化馆的设置率，我们为104%，这说明目前全国有个别的县已经是一个县两个文化馆了。日本的都道府县和市（区）这两个层面，公民馆的设置率到2018年为止不到85%，所以我们在普遍设置和普遍均等这一点上是优于日本的。在活动类方面中国具有明显优势，这也是我们民族特点的体现。对聚集性的群众文化活动我们可以办得热火朝天，比如广场舞——全世界独一无二的现象，这里确实有一些深层次的文化传统和文化基因在起作用。在文化志愿者方面，近些年中国大力推动，成效明显，目前我们文化志愿者占总人口的比例已经高于日本。

差距首先表现在馆均覆盖人数上。其折射了一个中国的普遍现象：看总量都很大，但一到人均就下来了。按文化馆、文化站统算，日本一个公民馆覆盖8 800多人，中国一个文化馆（站）要覆盖32万人。如果单看文化馆，日本一个都道府县、市（区）级公民馆覆盖1.4万多人，中国现在一个文化馆覆盖42万人，差距巨大，这就是发展中国家的水平。从业人员与服务人口相比，我们也有明显的差距。讲座培训的参与率，中国低于日本。虽然活动参与率中国高于日本，但是，这类在室内开展的、用于提升知识素养的讲座培训，中国就低于日本了。从人均利用次数上看，日本全国平均人均利用公民馆1.2次，中国全国平均人均利用文化馆0.56次。这就是我们明显的差距。

以上做了几个层面的数据比较。希望通过这些比较，大家能够清楚地认识到文化馆在中国公共文化服务体系当中处于何种水平，与国际同类文化服务机构比较，我们又处于何种水平。由此明确我们的优势，也明确我们的短板。未来我们在推动文化馆事业高质量发展过程当中，需要强优势、补短板，需要有重点地解决问题。

二、文化馆事业高质量发展的方向与任务

文化馆事业高质量发展，怎么发展？方向在哪里？重点任务是什么？我认为，要谈文化馆事业高质量发展，首先得明确大的背景和大的方向。中国社会跨入"十四五"，有一些什么样新的变化？党中央、国务院提出了一些什么样的新要求？我认为下面这三点，是我们推动文化馆事业高质量发展必须要明确的大背景。

第一，整个中国社会从"十四五"开始已经转向了高质量发展阶段。经济社会进入高质量发展阶段，文化事业也需要向高质量方向发展，这就是一个最大的背景。

第二，"十四五"规划和2035年远景目标纲要[①]刚刚最后确定，"十四五"以及更长一段时间，对经济社会发展基本的走向和基本要求，我认为这三句话最重要：立足新发展阶段，贯彻新发展理念，构建新发展格局。我们处在一个新的发展阶段，要以新的发展理念去指导事业发展。什么是新发展理念？在新发展理念指导之下，要形成一个新的发展格局，这个大的背景要明确。

第三，聚焦在公共文化服务上，"十四五"最主要的任务是提升公共文化服务水平。怎么提升？重点突破什么？这在"十四五"规划当中写得很清楚，每一句话都包含了具体任务，每一句话都不是空的。比如"十四五"

---

① 即《中华人民共和国国民经济和社会发展第十四个五年规划和2035年远景目标纲要（草案）》。

规划明确指出要推进城乡公共文化服务体系一体建设，怎么去推进？创新实施文化惠民工程，为什么是"创新"？广泛开展群众性文化活动，文化馆主要是搞群众性文化活动的，怎么做才叫"广泛开展"？还有其他一系列的任务。所以，高质量发展的方向和重点任务都要围绕着这些来思考。要谈发展方向和重点任务，这就是最大的背景，这是我们必须要了解的。

理解了这样一些背景，我认为业界人士还需认真研究学习两个重要的文件，它们是"十四五"规划时期高质量发展的配套文件。

一是文化和旅游部、国家发展改革委、财政部出台的《关于推动公共文化服务高质量发展的意见》，二是《"十四五"时期公共文化服务体系建设规划》。这两个文件基本的主导思想是一致的，我们需要认真研究学习，需要把它们确定的原则、思想、任务具体化，并加以真正落实。

在了解了背景和具有顶层设计性质的文件之后，所谓贯彻新发展理念，构建新发展格局，体现在文化馆事业发展和促进文化馆高质量发展上，以下四个方面至关重要。

1. 深化均衡发展：文化馆服务高质量发展的基础条件

（1）把文化馆服务纳入基本公共文化服务标准/目录

新发展理念所说的协调发展，强调的就是解决发展不均衡的问题。文化馆领域深化均衡发展，是文化馆高质量发展的基础条件。高质量发展不是不要普遍均等、惠及全民，不是不要保障公民基本文化权益、满足公民基本文化需求，而是说普遍均等、惠及全民必须跃上一个新台阶，这是高质量发展第一位的要求，因此我们才需要推动城乡公共文化服务体系一体建设。"十四五"规划部署提升公共文化服务水平，首要任务就是推进城乡公共文化服务体系一体建设。所谓一体建设，本质上是要求我们要弥补城乡发展不均衡的短板。城乡发展不均衡，这是目前中国经济社会发展最突出的一个短板，各个领域、各个方面都是如此，所以高质量发展要实现更高水平的公共文化服务的城乡均等化、普惠化。

如何去实现？我认为现在我们的行动路径和突破口，是要全面落实《中华人民共和国公共文化服务保障法》建立的基本公共文化服务标准制度。国家需要出台有关基本公共文化服务的标准，在这个基础之上，还需要推动地方政府制定地方性的实施标准或实施目录。2018年底，中办、国办印发了一个重要的文件——《关于建立健全基本公共文化服务标准体系的指导意见》，文件中明确要求各级政府要制定基本公共服务目录，包括基本公共文化服务，要向全社会公布服务项目、支付类别、服务对象、质量标准、支出责任、牵头负责单位等，其意义在于政府责任要具体化、标准化、目录化。政府提供基本公共服务包括基本公共文化服务，总的原则是16个字：尽力而为、量力而行；应有尽有、承诺必达。公共服务水平取决于经济社会发展水平，取决于公共财政支撑能力，在经济社会发展水平上，老百姓应该享有的服务项目都得有。在尽力而为、量力而行的基础之上，向全社会公布服务项目和服务指标，公布后就要做到承诺必达，这一原则在新一轮国家基本公共服务标准中体现得更加鲜明。具体来说，服务标准不能大而化之、笼而统之，不能不具体、不落地，而是要把公共文化服务的内容、种类、数量、水平纳入地方公共服务标准当中去，也就是要具体化、细化。这个标准制度就是落实基本公共文化服务人财物保障最根本性的措施。想要推进城乡一体建设，深化均衡发展，首先要解决这个问题。在这件事情上，文化馆馆长有一个重要的任务，需要游说当地政府把文化馆的基本服务项目纳入地方性的基本公共文化服务标准或者目录，将来经费保障、人员保障的依据就是这个标准或目录，所以这是馆长、地方文化行政官员特别要关注的事情。

（2）深化文化馆总分馆制

深化均衡发展，还有一件重要的事情在"十四五"时期要继续推进，就是深化总分馆制改革。文化馆、公共图书馆的总分馆制改革已持续很多年，"十三五"时期列入了公共文化领域重点改革任务。我在多次授课中反复强调，不要把总分馆制看成是一个文化馆的业务问题，它是文化馆、公共图书馆组织体系的一次改革。过去文化馆只要把自己馆内业务做好就可以了，但现在情况不同了，现在是一个体系，得把体系管理好、运行好。这就是一次改革，所以要提高对总分馆制的认识。经过几年的推动，我国文化馆总分馆制成效比较明显，有一个最新的统计，截至 2020 年 6 月，全国 2 443 个县已建成文化馆总分馆体系，占县域总数的 86%。从数字上看，可以说我国县级文化馆总分馆制已经基本建成，但从数字上的建成到真正发挥总分馆作用还是有距离的，可以说这 2 400 多个总分馆体系中还有一些是形式主义的，是"翻牌式"的、"运动式"的。"十四五"时期要深化均衡发展，那就要推动县域文化馆总分馆制真正落地。真正落地要解决的问题，三部委出台的《关于推动公共文化服务高质量发展的意见》当中有涉及，我认为有三大问题需要我们在深化当中去重点解决。

一是强化县级总馆建设。总分馆需要县级总馆带动分馆，如果县级总馆自身不强、自顾不暇，就无法带动分馆。现有的一些总分馆体系，总馆能力不强，如果不把总馆做强，总分馆制一定会沦为形式主义的、"翻牌式"的。

二是合理布局分馆。总分馆建设不能搞村村点火、户户冒烟，不是所有的文化站、文化室都要挂牌子。2016 年国务院五部门《关于推进县级文化馆图书馆总分馆制建设的指导意见》明确提出了要求，但实践中还是出现了一些"翻牌式"的总分馆。现在强调，分馆首先要选择人口集中、基础条件比较好的乡镇文化站建设，将其建设成为能够覆盖周边地区的"区域分中心"，不仅仅是建成一个单纯的分馆。这样既能解决自己的需求，还能覆盖区域周边。基层服务点也不是所有的社区和村都挂牌子，而是将具备条件、人口聚居的村、社区基层文化服务中心建成基层服务点。要实事求是，成熟一个做一个，合理布局，重点推进。

三是拓展分馆范围，延伸分馆触角。所谓拓展分馆范围，就是文化馆分馆不能仅仅局限在文化系统内，而是要因地制宜，结合自己的实际情况，找出当地的短板和薄弱环节，向全社会延伸。比如浙江嘉兴的文化馆企业分馆建设。嘉兴是长三角核心地区，城乡一体化做得比较好，但是它的文化馆服务也有短板，企业服务就是短板。许多工业园区，特别是聚集了一些中小微企业的工业园区，成为公共文化服务的短板。他们解决的办法，就是将文化馆分馆向企业延伸。嘉兴从 2020 年开始推动文化馆企业分馆建设，一个企业分馆覆盖 200 人，分馆馆舍面积不小于 300 平方米，鼓励小微企业联合建设。在工业园区里企业分馆主要提供三大板块服务：基本服务，自选服务，特色服务。这些服务不仅包括文化馆服务，还包括图书馆、博物馆、非物质文化遗产服务，实现公共文化服务的整合贯通。另外，他们还有一项硬性措施，就是企业要配备企业文化员，负责日常管理、团队建设、培训、活动策划等。经过一年多的推进，嘉兴文化馆分馆大量向企业延伸，企业工人的文化生活得到明显提升。嘉兴的文化馆企业分馆并不拘泥于传统的文化馆服务，它可以为企业工人提供阅读、健身、卡拉 OK 等服务项目。什么是丰富群众文化生活？什么是广泛开展群众性文化活动？文化馆总分馆范围的拓展、触角的延伸，就把这些理念变成了现实。所以均衡发展，总分馆建设是一个重要的抓手。

2. 推动品质发展：文化馆服务高质量发展的主要特征

品质发展是高质量发展最主要的特征。推动文化馆服务品质发展，重点应解决好以下三个方面的问题。

（1）空间提档升级

关于设施空间提档升级，近年来理论界和实践界反复提及一些关键词，如规模适当、布局科学，有特色、有品位、小而美、舒适化、嵌入式、数字化、智能化、业态多元、主题功能，社会力量参与、融入社区生活、促进共建共享等。这些都是设施空间提档升级的方向。说得具体一点，我认为目前文化馆的设施空间提档升级，有两件事情需要大力推动。

一是将文化馆打造成古今中外文化艺术作品的收藏中心、流通窗口、欣赏和学习基地。现在多数文化馆没有这个功能，而有了这项功能就可以解决文化馆缺少基础性、常态化服务项目的问题。现在老百姓对文化馆的社会知晓度是低于公共图书馆、博物馆的，为什么？文化馆服务对一般老百姓来说，可获得性有局限。一个普通老百姓随时随地进入文化馆可以做什么？你说可以参加艺术培训，但参加培训需要提前报名，没报名能做什么？或者说培训是固定时间的，在培训时间之外去又能做什么？这些问题说明文化馆普遍缺少一种基础性、常态化的服务项目。

最近广东省文化馆向拓展基础性、常态化服务方向迈进了一步。广东省文化馆新开辟了一个空间叫"文心书房"。过去一说书房就是在图书馆，现在文化馆也有了，但文化馆的书房跟图书馆的书房有区别，区别在于文化馆更多的是对古今中外经典艺术作品的欣赏。它使用数字化的欣赏资源，配备数字化的欣赏设备，具备数字化的欣赏条件。如果文化馆有了这样的空间环境，人们不是同样可以选择在文化馆学习、阅读和欣赏吗？这就是我所说的打造古今中外文化艺术作品的收藏中心、流通窗口、欣赏和学习基地，由此解决文化馆基础性、常态化服务项目缺失的问题。

二是推广"文化驿站"模式，让文化馆服务向社区、向百姓生活圈延伸。最近几年，特别是"十三五"时期，城市书房模式在全国遍地开花，那是图书馆向基层的延伸。文化馆向基层怎么延伸？不能固守一个县一个馆，一个市一个馆。温州创造了"文化驿站"，它的功能模式跟城市书房类似，小而美，嵌入社区，融入老百姓生活。我觉得从文化馆的角度来说，要发展一批这样的空间，这就是把文化馆的服务延伸到老百姓身边去，优化文化馆的布局，实现设施空间提档升级。

（2）服务提升品质

不论是三部委出台的《关于推动公共文化服务高质量发展的意见》，还是《"十四五"公共文化服务体系建设规划》，都把全民艺术普及提到了以前没有的高度，比如提出做大做强全民艺术普及品牌，提出实施全民艺术普及工程。抓住这一历史契机，文化馆有许多值得思考、谋划、实践的事情。比如说推广"乌兰牧骑"式的城乡流动服务，在农村是"乌兰牧骑"，在许多城市的工业园区、商务楼是开展"午间一小时"，将高雅艺术送进去，这就是城市的"乌兰牧骑"。中国有2亿人跳广场舞，全世界没有哪一个活动能达到这样的人数规模，怎样提升它的品质？要推动群众歌咏大家唱，也得提升品质。最近有专家指出，"大家唱"不能变成"大家喊"，唱和喊还是有很大区别的。起源于浙江丽水的"乡村春晚"，现在演化成乡村"村晚"，今天的乡村村晚与30年前相比，该有什么提升？从服务提升品质这个角度来说，文化馆的线上线下相结合的文化艺术服务，将来要更多地向发展"社群"服务转变。社群是基于一种共同的需求、爱好，把大家凝聚在一起，融合在一起，它有稳定的群体结构，有比较一致的群体意识和行为规范，有持续的互动关系。公共文化服务到了高品质阶段，最适合的群体单元就是社群。文化享有不是强迫性享有，而是选择性享有，社群是凝聚共同爱好、共同兴趣、共同志向的一个强有力的纽带。文化馆今后服务的特色化、多元化、个性化，需要把社群打造起来，让社群有高度的黏性，比如像艺术沙龙、手工艺作坊、创业集市等，这都是一些具有社群特色的沉浸式、体验式活动。怎么样让一个文化现象、文化行为、文化空间、文化服务够转化为一种衍生品、消费品、打卡地、创意品，实现文化消费，实现价值变现？这就需要文化IP发挥作用。对于如何提高文化馆的社会认知程度，许多人都提过建议，比如设立全民艺术普及日、举办全民艺术节等。中国的全民阅读是从1997年开始推动的，"世界读书日"2004年引入中国，这个活动到今天，不是一朝一夕的事情，全民阅读连续八年写入《政府工作报告》，是持续推动的结果。

（3）发展数字化服务

品质发展还得依靠数字化。文化馆服务不能仅仅是线下的、传统的，还需要数字化的、线上的、线上线下相结合的服务。在数字服务方面，文化馆需要解决什么问题？从总体上说，不外乎是数字平台、数字资源、数字服务、数字场景。

第一要搭建统一数字平台，实现全国"一张网"。目前一个重要的任务，是要解决地方云与国家公共文化云的对接，做到全国一张网。

第二要加强数字资源建设。相对于图书馆、博物馆，文化馆的数字资源不论从总量上还是质量上都处于劣势，所以得增加总量、丰富业态、提高质量。现阶段的重点，是要考虑移动互联的大环境，大力发展微视频、艺术慕课等与移动互联相适应的资源类型。另外，我们有一大批已经建成的数字资源，但这些资源不适合在移动互联环境下使用，解决的办法就是把它改造成适应移动互联环境下新媒体使用的类型，这是多快好省地扩大资源总量的办法。

第三，提升数字服务水平。现在大家都在尝试网络直播，这是线上线下相结合的服务方式。互联网远程服务的效益，比单纯的线下模式大很多，所以文化馆服务必须要建立一个理念，就是"小活动、大传播"，这是提高服务效能的一条重要路径。

第四，打造数字化新场景。关于文化馆的数字化场景，我们做过一些探索，有成功的，也有不那么成功的。在数字化、智慧化阶段，文化馆如何打造出大众化的实体体验空间？如何让数字环境有沉浸式体验、有新型业态？前面说到的古今中外文化艺术作品的欣赏环境，就是数字环境。作为新空间的"文化驿站"，也要融入数字化、智慧化要素，所以对数字场景，文化馆可尝试的有很多。远程辅导系统就很有文化馆的特点。以前文化馆的辅导是点对点、面对面，目前许多馆搞了远程辅导系统，但展现出来的还是平面的，将来运用全息技术，可以立体化，可以身临其境，这是文化馆特别需要的。数字化展示设备，比如大型互动数字化展示墙，它的每个画面后面都是一个数据库，多点触控，多人同时操作，这都是一些技术变革，都是适应文化馆服务变化的。

3.坚持开放发展：增强文化馆服务高质量发展内生动力

新发展理念强调坚持开放发展。开放发展是增强文化馆服务高质量发展的内生动力。坚持开放，发展的内生动力才能变强。

公共文化服务坚持开放发展，"十四五"时期延续"十三五"的做法，首先要加大政府购买公共文化服务的力度。目前，各地普遍在实行多种形式的政府购买文化馆服务，但需要总结经验、破除障碍，进一步完善政府购买机制。政府购买公共文化服务是一个新事物，现有的政府购买公共文化服务的方法、流程，基本上是沿用盖房子、修马路等事务中政府购买服务的方法和流程。但政府购买公共文化服务，与盖房子、修马路中的政府购买服务有许多本质的区别，因此，现有的方式、流程有许多不适应的地方，购买机制需要改革。"十三五"期间，文化馆领域创造了"文采会"模式，把一般商品现场流通展示、供需对接的模式引进来了，有效地促进了供需对接。这种模式要继续推动，深化完善，这是政府购买方式的变化。

基层公共文化设施的社会化运营管理在"十三五"已经起步，并且有明显的进展，"十四五"时期发展特点按照政策文件的说法应是"稳妥推进"。稳妥推进，首先要考虑这种方法的适用范围和适用性，对于存在人员困难的县级以下，特别是乡镇（街道）、村（社区）公共文化场馆，根据实际情况，可以整体委托、部分委托。在基层事业单位改革的背景下，将来乡镇（街道）、村（社区）这个层面的公共文化设施，可能更多地需要采用社会化管理运营的方式，这也是吸引社会力量参与的一个有效方法。

对于文化馆来说，推动社会化发展更需要的是转变观念。不是所有的事情都要文化馆亲自做，文化馆需要加强统筹协调功能，需要整合全社会的力量，要成为全社会文化艺术活动的组织者、推动者、平台搭建者，这个功能要充分发挥。比如2020中国文化馆年会期间我们参观东莞文化馆，看到整个文化馆所有的空间都有活动，我问馆长，如何吸引来这么多人？馆长解释说，这些活动没有一个是文化馆自己人搞的，都是通过引入社会力量开展的，这就是为社会力量搭建平台。多种多样的活动，如面向智障儿童的活动是志愿者在干，原则是只要是社会组织愿意无偿地、公益地为社会提供服务，文化馆就可以提供平台。这样，文化馆就是一个全社会公共文化活动的平台了，文化馆就成为一个组织者、推动者，这也是社会化发展的重要方式。

4. 促进融合发展：拓宽文化馆服务高质量发展创新天地

对于融合发展，现阶段的政策性文件、顶层设计当中谈了很多，文化馆服务有很多的融合点，比如文化馆服务与新时代文明实践中心的融合，文化馆服务与旅游公共服务的融合，文化馆服务与学校美育的融合，还有区域性的文化馆服务融合（如京津冀、长三角、粤港澳大湾区、长江经济带等）。对下面两个融合需要给予重点关注。

一是公共文化机构之间的融合。文化馆、图书馆、博物馆、美术馆、非遗馆都属于文化系统，都提供公共文化服务，如何让这些机构在功能上融合起来？《关于推动公共文化服务高质量发展的意见》强调，要建立联动机制，加强功能融合，提高综合效益。融合不是谁吃掉谁，是说功能要融合。如果不同的机构合力推动全民阅读，合力推动全民艺术普及，效果一定比一个机构单打独斗好。目前的全民阅读的内容已经不仅仅是读书，还有其他的阅读方式，如"读剧"。这实际是艺术表演方式，非常遗憾，这是图书馆开展的活动。文化馆如何做呢？交响乐能不能运用于全民阅读？可以的，天津交响乐团有专门的四大名著交响音乐会。再比如，宁波图书馆里有音乐馆，目前全国哪一个文化馆有音乐馆，而且达到这样的水平？这是图书馆的融合发展。希望从这些事例当中大家能得到一些启发。基层公共文化服务，功能界限越来越模糊，我们需要功能融合，公共文化机构合力共同推动全民阅读、全民艺术普及、优秀传统文化传承。

二是"中国民间文化艺术之乡"建设。"中国民间文化艺术之乡"今年要启动新一轮评审、命名和建设，这件事与文化馆关系特别密切。什么叫民间文化艺术之乡？与传统的非遗有什么区别？需要文化馆的馆长们、从业人员认真研究一下。"中国民间文化艺术之乡"强调的是在长期历史发展和现实创新当中形成的地方特色文化区域，对比历史发展过程中形成的非遗，"中国民间文化艺术之乡"还强调现实创新。我们国家从1987年就开始设立这个项目，它的意义非常广泛。比如它与优秀传统文化传承、广泛开展的群众性文化活动、美丽乡村建设、乡村旅游、乡村特色文化产业等，都有密切的关系。乡村特色文化艺术形态的涵养、利用、推广与普及，能够带动许多事情。这件事一定是地方政府牵头，文化馆怎么介入、助力、发挥作用呢？"中国民间文化艺术之乡"建设被纳入了乡村振兴战略规划，是规划提出的八项"乡村文化繁荣兴盛重大工程"之一。2021年文化和旅游部工作重点也包括"中国民间文化艺术之乡"建设，所以，它是文化馆服务创新的新抓手，值得关注和予以高度重视。各地要尽早挖掘地方的特色文化资源，打造"中国民族文化艺术之乡"，对下一步推动乡村振兴、优秀传统文化传承具有重要的意义。

文化馆事业高质量发展怎么发展？重点方向任务是什么？按照我的理解，就是要深化均衡发展、推动品质发展、坚持开放发展、促进融合发展，要贯彻新发展理念，构建新发展格局，这就是文化馆高质量发展的方向和重点任务。

 **互动交流**

主持人：

感谢李老师精彩的讲解。下面有几个问题想请您为大家进一步解答。第一个问题：许多来自文化馆第一线的馆长、馆员说，文化馆事业高质量发展，需要文化馆人做出努力，同时也需要有高水平的人财物保障。您刚才在分享中说到，目前各级政府对文化馆的经费投入还不如公共图书馆、博物馆，那么文化馆行业在高质量发展进程中，怎样进一步强化政府保障？比如怎样进一步增强政府的经费保障？

李国新：

说到经费保障，这是各级文化馆，特别是馆长们关心的问题。刚才我在交流的过程当中也谈到，整个"十三五"时期文化馆与公共图书馆、博物馆在保障条件方面的相对差距在拉大。怎样进一步强化保障？我认为公共文化服务体系建设发展到今天，谈强化经费保障，不能就经费谈经费。因为《中华人民共和国公共文化服务保障法》已经把政府经费保障的原则说得很清楚了，原则就是依据事权责任确定支出责任。政府给文化馆的经费是多少？不是越少越好，也不能越多越好，它得有个标准。标准就是事权责任。刚才我在讲课当中说到，《中华人民共和国公共文化服务保障法》确定了基本公共文化服务标准制度，在落实过程中必须得明确公共文化服务的内容、种类、数量、水平，必须得明确服务项目、质量标准、数量标准、支出责任，就是要让事权责任具体化、精细化。这些标准确定了，就可以根据事权责任测算经费了。公共财政的任务是保证事权的落实。不同经济发展水平的事权责任不一样，经费保障也不一样。对于馆长和文化行政主管部门官员来说，加强经费保障最需要发力、努力的地方，是把文化馆的基本服务项目纳入地方公共文化服务标准，纳入标准体现的就是事权责任。现在总的思路就是依据事权责任去测算经费，纳入预算，安排经费。

前不久，国务院办公厅出台了公共文化领域财政事权与支出责任划分改革的方案，它的基本思路与《中华人民共和国公共文化服务保障法》是一致的。所以说加强政府经费保障的事情，不能就经费谈经费，我们需要落实，在这个地区的经济社会发展水平上，从保障老百姓基本文化权益、满足老百姓基本文化需求的角度来说，文化馆的基本服务应该是什么？把它的项目、内容、种类、数量、质量、水平明确了，经费保障应该达到什么水平也就明确了，应该是这样一种思路。

主持人：

谢谢李老师。第二个问题：有网友留言提问，对于推动文化馆事业高质量发展，更好地满足人民群众美好生活的精神文化需求，您刚才从四个方面谈了方向和重点任务，除此以外，文化馆行业从思想理念到服务工作，还存在哪些不适应高质量发展的现象呢？应该怎样进一步改进，请李老师指导。

李国新：

在我看来，对于文化馆行业和文化馆从业人员来说，关于高质量发展还有一个重要的问题，就是转变观念，通过转变观念来推动文化馆事业的转型发展。

转变观念怎么讲呢？文化馆的从业人员首先得明白文化馆是干什么的，社会系统当中为什么需要文化馆。我们前不久也做过一些研讨。可以去问问普通老百姓他们清楚不清楚这个问题，问问业内的从业人员能不能说清楚。如果说不清楚，用理论色彩重一点的话说，就是文化馆的社会功能、核心竞争力不清楚，文化馆存在于社会系统当中的合理性、合法性就要受到质疑了。

基层事业单位改革出现了少数撤销文化馆的现象，当然这体现了一些地方政府对文化馆事业认识不到位的问题，但从另外一个角度说，也存在文化馆社会认知程度不高的问题。我们没看到撤销公共图书馆、博物馆。转变观念首先是要明确文化馆是干什么的。《中华人民共和国公共文化服务保障法》把目前阶段我们国家公共文化服务的主要任务概括为全民阅读、全民艺术普及、全民健身、全民科普、全民普法、优秀传统文化传承，我们习惯上称为"六个全民"。对照一下，文化馆主要是得解决全民艺术普及和优秀传统文化传承。优秀传统文化传承是多载体、多方面、多角度的，不是文化馆一个领域的事情，文化馆是以全民艺术普及的方式去传承优秀传统文化，所以说全民艺术普及是文化馆的核心功能。全民艺术普及需要文化馆干什么？这是推动文化馆高质量发展首先要解决的问题。我们得想办法提升老百姓的文化艺术素养，促进人的全面发展。

所以我觉得文化馆领域自身一定得明确地认识到，文化馆不是专业艺术团体，不是作家协会、艺术家协会，不是作家工作室、画家工作室，也不是文化艺术研究机构、艺术等级鉴定机构，文化馆做的是全民艺术普及，文化馆的从业人员是以全民艺术普及为核心任务的社会教育工作者，思想观念要转到这里来。如果文化馆是以获奖为导向，以业务干部的艺术创作为导向，那与全民艺术普及就关系不大了，如果都这样做的话，社会系统中确实不需要文化馆了。

高质量发展要解决的问题很多，我刚才也谈了许多，要进一步说，就是我们整个行业的从业人员要转变观念，这样才能够把文化馆的核心功能、核心竞争力体现出来。没有核心竞争力，就说明社会系统不需要你；泛化核心竞争力，说明你在社会系统中可替代性比较高。转变观念，说起来大家可能原则上都认可，但是落实在实践中，确实需要我们做出一番努力。

 **主持人结束语**

非常同意李老师说的，我觉得咱们文化馆的从业者一定要找准自身的职能定位，革新自己的观念。有作为才能谋地位，推动文化馆的高质量发展有赖于全国文化馆界的共同努力推动。

各位同人，各位网友，今天的"思考与讨论"就到这里，让我们再次感谢李老师的精彩分享！

下一场"思考与讨论"，将于4月7日（周三）下午三点准时开始。我们将请文化和旅游部全国公共文化发展中心罗云川副主任，为大家讲解《面向"十四五"的文化馆数字文化建设与服务》，敬请期待！

感谢大家的收看，我们下期再见！

直播间二维码

面向"十四五"的文化馆数字化建设与服务

主讲人简介

罗云川，文化和旅游部全国公共文化发展中心副主任、公共文化服务大数据应用文化和旅游部重点实验室主任、全国文化馆标准化技术委员会副主任委员、国家文化和旅游公共服务专家委员会委员，研究馆员，博士。主要研究领域包括公共文化服务网络治理、公共文化数字平台建设、公共文化数字资源开发、公共文化服务标准化等。主持参与十余项国家和省部级课题，著有《公共文化服务网络治理研究》等多部著作，在核心期刊发表论文 30 余篇。2020 年被评为"文化和旅游部优秀专家"。

 **主持人开场词**

引领文化馆建设，推动高质量发展。

文化馆（站）的各位同人，各位网友，大家好！

欢迎收看由文化和旅游部全国公共文化发展中心、中国文化馆协会主办，国家公共文化云、中国知网同期播出的"文化馆事业发展的思考与讨论（第二季）"。

我是本季讨论的主持人——文化馆发展研究院秘书长李亚男。

"十三五"以来，全国公共文化发展中心积极争取国家对各级文化馆（站）的资金投入，通过中央补助地方公共数字文化建设专项，大力开展数字文化馆、地方特色资源、群众文化活动网络直录播等项目建设，推动了文化馆数字化平台、资源和服务的跨越式发展。

迈入"十四五"，随着"公共文化云"项目的正式立项，全国公共文化发展中心又将以哪些举措，联合全国文化馆（站）共同推动数字化建设，开展面向基层的公共数字文化服务呢？

本季讨论的第三讲，我们请到了全国公共文化发展中心副主任罗云川，围绕面向"十四五"的文化馆数字化建设与服务，与大家分享交流。

欢迎大家通过播出界面下方的留言区提问、互动。稍后，我们会请主讲老师为大家进行解答。下面，有请罗主任。

 **讲稿精粹**

各位文化馆界的同人，大家好！

今天"文化馆事业发展的思考与讨论"讲座的主题是：面向"十四五"的文化馆数字化建设与服务。

文化馆的数字化建设在"十二五"部分地区建设的基础上，"十三五"期间取得了大幅度进展。全国各地的文化馆同人在"十三五"期间广泛开展数字化工作，使得文化馆数字化服务四面开花，取得了很多丰硕的成果。特别是 2020 年新冠肺炎疫情暴发以来，在这一年多的特殊形势下，也倒逼了文化馆的数字化服务取得了较大程度的提升。迈入"十四五"时期，在新的阶段、新的形势下，我们也有了新的任务。

十九届五中全会提出要推进公共文化数字化建设。2021 年 3 月 12 日发布的《中华人民共和国国民经济和社会发展第十四个五年规划和 2035 年远景目标纲要（草案）》中，明确要求要"推进公共图书馆、文化馆、美术馆、博物馆等公共文化场馆免费开放和数字化发展"。同年 3 月文化和旅游部、国家发展改革委、财政部发布的《关于推动公共文化服务高质量发展的意见》中也明确要求要"加快推进公共文化服务的数字化"，并指明要"提升数字文化馆的网络化、智能化服务水平。进一步完善国家公共文化云等平台的大数据管理和服务功能。推动国家云和地方云、地方云和当地智慧城市平台的对接"。

文化馆在"十三五"时期迈出了数字化的步伐。进入"十四五"高质量发展阶段，我们要朝着网络化、智能化，向更高水平、更精细、更智慧的服务进行拓展。

文化和旅游部的胡和平部长在十九届五中全会面向文化和旅游系统的辅导培训中和两会接受媒体采访时，明确提出"十四五"期间文化和旅游系统要构建"一个工程""七大体系"。"七大体系"其中之一就是现代公共文化服务体系，其中明确要求"大力推进数字文化建设，建设国家公共文化云、智慧图书馆体系，实现公共文化服务走上云端、落入指尖"。这是一个非常生动的表述。依托我们的数字化体系，使这些公共文化服务走上云端，落入老百姓的指尖，走近老百姓的身边。

可以看到在"十四五"期间，数字化是一个非常重要的任务，所以今天我就围绕文化馆"十四五"期间的数字化建设谈几点思考，供大家参考。

我想讲三个方面：第一是"十三五"时期文化馆数字化建设的总体情况；第二是为大家阐释现在已经立项的公共文化云在"十四五"规划中的重点任务，特别是关于数字化的任务；第三是对"十四五"期间文化馆数字化建设与服务的几个着力点提出一些建议。

一、"十三五"时期文化馆数字化建设进展

（一）数字文化馆建设总体情况

数字文化馆是 2015 年中央财政在公共数字文化专项中设立的一个项目，在 2015 年以前也有部分文化馆开展了一些相关试点。从 2015 年到 2020 年已有六个批次 110 余家文化馆纳入了中央财政经费支持的数字文化馆建设项目，其中副省级以上文化馆 48 家，市县级文化馆 70 余家，中央财政累计投入项目建设经费达到了 1.7 亿余元，可以看到数字文化馆项目贯穿了整个"十三五"时期。实际上还有很多没有纳入中央财政支持的文化馆也在积极主动地开展数字文化馆的建设和服务。

数字文化馆建设提出六个指标，也就是六个方面的重点建设内容。第一是研究拟定建设标准；第二是完善服务设施设备；第三是整合利用文化资源，特别是群众文化活动资源；第四是搭建服务应用平台；第五是打造文化体验空间；第六是探索形成新的公共文化服务模式，特别是文化馆线上线下相结合的服务模式。回过头来看，这几年在这六个方面的探索卓有成效。

（二）标准规范建设

标准规范方面：全国公共文化发展中心（以下简称"发展中心"）在 2019 年申报立项了国家标准《数字文化馆资源和技术基本要求》，这是国标中的第一个文化馆数字化方面的标准；2021 年发展中心还在积极申报行业标准《文化馆大数据采集规范》。各地在数字文化馆建设方面也有一系

列标准，比如安徽的《安徽省数字文化馆建设标准》、湖南的《湖南省数字文化馆工作指南》、广东的《广东省数字文化馆与市县文化馆对接指南》、内蒙古的《内蒙古自治区数字文化建设与服务指导规范》，以及山东东营的《东营市数字文化广场建设和服务规范》（东营的该项标准已经正式作为地方标准出台）。

发展中心现在正在研制的《数字文化馆资源与技术基本要求》，从 2019 年初立项到现在，很多文化馆界的同人都参与了讨论，数易其稿。2021 年发展中心还会更大范围地征求意见、讨论，然后提交全国文化馆标准化技术委员会、国家标准化技术委员会，争取能够早日出台这项国家标准。

（三）数字平台建设

在平台方面，国家公共文化云是在已有的国家公共文化数字支撑平台的基础上改版升级的，于 2017 年 9 月 15 日上线。这几年在全国各地公共文化领域同人的共同支持下，特别是各省、市、县文化馆同人的支持下，国家公共文化云取得了很大的进展。到 2020 年年底，国家公共文化云累计发布各类资源达到 132 840 条，累计访问量是 7.06 亿次，累计对接地方数字文化平台 116 个。

国家公共文化云目前主要有以下几种形式：微信公众号 H5 页面、手机 App 以及 PC 端网站。手机端的微信平台和 App 主要有六大板块：看直播，享活动，学才艺，订场馆，读好书，赶大集。这六大板块重点面向的是个人用户服务。PC 端有八大板块，是在手机端六大板块基础上增加了两个板块：一个是汇资讯，另一个是聚行业。聚行业主要面向公共文化机构，文化馆同人在这个板块里可以进行互动交流。国家公共文化云的平台设计，既兼顾了个人用户，也考虑了机构用户。

目前在全国的 3 319 家文化馆中，有 2 654 家开通了微信公众号，占全国文化馆数量的 79.96%，这个数据还是很令人振奋的。"十三五"的公共数字文化建设有一个指标：到"十三五"末，全国的文化馆有 50% 以上开展数字文化馆的服务，如果仅从微信公众号开展服务这个角度来说，我们已经达标。除此之外，已经有2 175家文化馆建设了网站，占65%；还有654家文化馆建设了手机App，占19.7%。

（四）数字资源建设

1. 文化馆地方资源建设立项情况

文化馆的数字资源建设在2015年之前几乎是一片空白，但是在"十三五"期间取得了明显进步。从文化馆地方资源建设立项情况（如表2-1），可以看出2015年有13个项目，到2019年是62个项目。2015年获得经费1 010.5万元，2019年是4 649万元，经费获得大幅度增长。

表3-1　2015—2019年文化馆地方资源建设立项情况（不包含百姓大舞台）

年度	文化馆立项（个）	总立项（个）	比例	获得经费（万元）	总经费（万元）	比例
2015	13	131	9.92%	1 010.5	13 432	7.52%
2016	22	146	15.07%	1 377.79	16 637	8.28%
2017	28	162	17.28%	1 621	14 681	11.04%
2018	75	214	35.05%	3 726	15 654	23.80%
2019	62	202	30.69%	4 649	17 324	26.84%
合计	200	855	23.39%	12 384.29	77 728	15.93%

进入"十四五"，为了对公共文化云这个项目有很好的支撑，发展中心也申请了相应的经费。国家和地方对各地文化馆的建设，包括平台建设和资源建设，都给予了很大的资金支持。

2. 2020年全民艺术普及U课

在新冠肺炎疫情的大背景下，全国公共文化发展中心联合中国文化馆协会启动了"2020年云上全民艺术普及U课征集活动"。全国各地的文化馆积极参与其中，共有102个场馆推荐了各类艺术普及课程535个，视频 1818 个，总访问量 1211 万人次，点赞量 80 万，入驻师资 352 人。发展中心面向全国各地文化馆征集到了非常丰富的文化艺术普及类资源，包括非遗、绘画、摄影、舞蹈、音乐、书法、戏曲、国学以及新媒体应用等。

3. 国家公共文化云直录播

近几年，各类公共文化机构普遍将直播作为一种很好的数字化服务形式。国家公共文化云的直播取得了很大进展：从 2015 年举办的 10 场直播（2017 年 9 月之前称为中国文化网络电视），到 2019 年的 432 场，再到 2020 年的 409 场。因为新冠肺炎疫情的原因，2020 年前几个月的直播活动比较少，但后几个月比如 10 月到 12 月，基本达到了每天一两场或者两三场的频率。

可以看到直播量在增长，访问量也在增长。2019 年平均访问量达到了 34.8 万余次，2020 年和 2018 年都超过 20 余万次。

我们通过这些数据还能了解用户的使用习惯。从图 3-2 可以看到，大部分用户通过手机观看直录播：微信端占 59%，App 占 24%，PC 端大概占 17%。也可以看到各个类别直录播活动的开展比例（图 3-1），占比最大的是文艺演出，其次是音乐会，排第三的是戏剧。

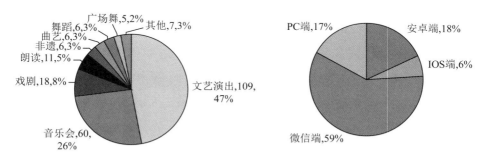

图 3-1　用户使用习惯　　　图 3-2　直录播活动类别

（五）线上线下相结合的群众文化品牌活动

这几年，各级文化馆积极举办全国性、区域性、地方性的群众文化活动。发展中心也举办了很多有影响力的群众文化活动，形成了品牌，提高了社会知晓度。目前发展中心正在联合各地文化馆推动乡村"村晚"、群众歌咏、广场舞活动和"乡村网红"培育计划这四个品牌活动，这些也是发展中心2021年的重点品牌活动。

（1）乡村"村晚"

2021年春节期间，乡村"村晚"已经形成了一股热潮，国家公共文化云联合中央电视台、央视频这两个平台同步推出，全国各地的文化馆和乡村文化工作者积极参与、组织，形成了全国联动的"村晚"新形态。

（2）群众歌咏

群众歌咏是在此前的老年合唱节、少儿合唱节基础上形成的面向各个年龄段群体的线上线下群众合唱品牌活动。

（3）广场舞活动

这几年发展中心已在线上线下举办了几次全国性的广场舞活动，非常有影响力，2021年还会继续深入推动广场舞的网络展演。

（4）"乡村网红"培育计划

"乡村网红"培育计划从2020年开始推动，得到了大家的广泛关注。其中一个重要的渠道就是依托文化馆向社会征集"乡村网红"，后续进行跟进培养。这些"乡村网红"的一个重要职责是助力乡村振兴和文化艺术普及。"乡村网红"与公共文化的职能和任务有机结合，能够引起全社会的关注，特别是能够吸引年轻人群体的广泛关注。

二、公共文化云"十四五"规划中的若干重点任务

公共文化云"十四五"规划中有以下六大任务：第一是建设以看直播、享活动、学才艺、订场馆、读好书、赶大集六大功能为核心的全民艺术普及服务总平台。实际上这六大功能基本上也是文化馆领域的重要工作。第二是全民艺术普及资源总库建设。要形成适合各门类艺术普及的精品资源体系。

第三是全民艺术普及文创产品体系建设。要不断探索形成文创产品的机制和相应的产品。第四是公共文化和旅游产品交易平台建设。第五是全民艺术普及技术支撑体系建设。要对总平台、总库、体系及对接形成总体技术支撑。第六是基层全民艺术普及服务提质增效。要把服务落到基层，提升效率，提高质量。

结合这六大具体任务，在数字化建设方面我想讲以下几点，供大家参考。

（一）国家公共文化云技术架构

国家公共文化云技术架构现在已初具雏形，有些方面会在"十四五"期间再深入地开展建设，不断地进行完善提升。国家公共文化云主要面向的用户是机构用户和个人用户，以六大功能板块为主要核心，并推出了微信版、App版、网站版，支持手机、电脑、一体机各类智能终端。国家公共文化云同时要与地方公共文化云、地方数字文化馆平台进行对接，形成集群的、互联互通的优势。目前有些文化馆的数字化平台就是地方文化云，有些地方文化云不在文化馆而在文化和旅游主管部门，这就要求我们要有一套适用不同情况的对接标准，来对接文化馆的数字化平台和地方的公共文化云，形成集群。

我们要构建三个池：用户池、资源池和数据池，这是我们在"十四五"期间要持续打造的三个池。用户池是对所有用户包括机构用户和个人用户的统一管理，逐步实现和地方平台间的单点登录、相互认证；资源池要汇聚和共享国家和地方全民艺术普及的资源；数据池是把实时数据、累积数据、各类服务数据和运行管理数据形成数据池，以便进行分析，为各级文化馆提供决策支持和服务优化，在一定程度上进行数据的开放和共享。在此基础上还有一系列用于工作推进的管理系统，比如志愿服务系统、文化馆评估系统和乡镇文化站的工作平台等。可以看到，公共文化云总体技术架构既是开放的，也遵循相应的标准规范，同时也是共享的。

（二）国家公共文化云"十四五"技术升级

"十四五"期间，我们要持续进行技术升级。文化馆同人在文化和科技融合方面，是有敏感度和热情的，已经进行了很多探索。在迈进"十四五"这个节点上，我们要关注一些技术，预期未来会有一些技术在文化馆数字化上得到广泛的应用。这里列举几个需要关注和探索的技术。

1. VR 增强技术

现在有些文化馆已经在做这样的尝试，通过 VR 增强技术，构建沉浸式体验的服务场景。

2. 5G+4K 高清直播技术

5G 相关的技术中一个非常重要的应用是高清直播，2020 年国家公共文化云与上海云合作开展了 5G 高清直播的实验。进入"十四五"之后，相信在 5G+4K 高清技术下，我们的直播形态、网络培训和远程辅导形态的交互应用会更加成熟和深入，也会拓展更多的应用场景。

3. 智能终端互动体验技术

现在很多文化馆有数字文化馆体验区，体验区里面有很多有趣、好玩的设备，如绘画、书法、舞蹈、戏曲、摄影等方面的设备。这些设备在"十四五"期间会变得更加智能，对使用者更加友好，同时也能够方便使用者更好地在线上平台进行交互。过去的设备有一个需要提升的地方，就是它的资源更新是没有接口的，所以设备里面的人机交互体验的内容就无法更新。在"十四五"时期，这个方面的技术需要进一步提升，使设备服务项目不断更新，能够有新的内容供老百姓去体验，这种更新要跟云平台以及文化馆的艺术普及职能紧密结合。

4. 图像识别技术

图像识别技术既是用户服务需要，也是安全保障需要。

5. 身份认证、内容鉴权

区块链是目前比较热门的技术，在文化馆网络集群的环境下，对身份认证、内容版权的鉴权都可以进行深入的研究。发展中心在科技部的一个国家重点研发计划项目中，正在利用区块链技术试验有关资源版权的鉴权工作，也欢迎大家在这方面做出探索。

6. 大数据技术

在"十四五"文化馆的数字化建设中，利用大数据进行模型构建、数据分析、算法分析、多场景采集等，毫无疑问是一个非常重要的方面。

（三）地方平台与国家公共文化云对接

在"十四五"公共文化云的构建上，要形成公共文化云的平台集群，地方平台包括公共文化云和文化馆的数字化平台在这里都有非常重要的地位，所以在"十四五"期间，平台的互联互通和对接是非常重要的一项工作。

目前国家公共文化云跟地方平台对接了 116 个，其中省级平台 43 个，包括省级文化馆 29 个、省级图书馆 12 个，除此之外也对接了一些市县级的平台。目前这些数据还处于起步状态，进入"十四五"后会有大幅度的增加。

平台间主要由两种方式实现资源对接：一种是通过系统平台的接口对接，另一种是地方机构通过注册用户之后上传资源。目前通过接口对接的资源达到了 126 725 条，通过注册账号上传的资源有 2 400 条。

目前的对接还属于初步对接，但已经形成了一种合力效果。在资源效果上，以 2020 年对接数据为例，在国家云发布的对接资源是 47 500 条，约占国家云 2020 年新增资源（76 185 条）的 62%，为国家云新增资源带来了超六成的增长；在访问量上，目前对接的资源也为国家云平台带来了 17.5% 的访问量。反过来讲，国家云跟地方平台的对接，不仅会为地方平台提供资源，同时也能提高地方平台的访问量，这就是我们要达到的合力效果。可以看到，这种集群使得各个平台既丰富了内容，也提高了访问量，增加了平台对用户的友好性和服务的选择性。

下一步平台对接重点工作主要包括这样几个方面：

1. 对接标准规范：接口统一，互联互通

地方平台与国家公共文化云要有相应的对接标准规范。目前已有一些初步的标准规范，对活动、用户、资源、数据这些方面的对接做出了要求。

2. "6+X"的功能架构：求同存异，保留特色

目前"十四五"公共文化云规划有六大板块，已经形成了未来"十四五"的基本框架。地方云平台、地方数字化平台也要逐步形成"6+X"的功能架构。"6"是与"十四五"公共文化云的六大板块相匹配，这样才会有共同的表述语境和对接标准，使得这 6 个板块进行较好的交互。同时，各地也应该有各自的特色，求同存异，保留特色。

3. 平台共同体：服务深度融合，形成发展合力

各地要在"6"这个规范的基础框架上发展各自的"X"的特色，形成平台共同体，使服务深度融合，形成发展合力。

（四）公共文化云基层智能服务端

发展中心于 2020 年 2 月初在网上已经发布了公共文化云的基层智能服务端，基层智能服务端主要是面向县及乡镇的公共文化机构。很多地方特别是中西部地区的公共文化机构，没有充足的资金和人员来构建数字化平台，这些地区的公共文化机构可以利用基层智能服务端这个中间件平台发布本地资源，也可以借助平台提供的基础资源，形成本单位的微信公众号以及 PC 版网站。这些公共文化机构既可以通过独立设置的数字化门户入口发布本地的资源和服务，也可以实现和国家公共文化云后台的无缝衔接。

一些地方对地方云平台有统一的规划，比如省级构建了平台，要求市、县级公共文化机构在平台上设立专区，形成集群，针对这样的情况，我们只需要对接省级平台即可。国家云与地方云的对接和基层智能服务端互为补充，形成一个整体。现在基层智能服务端可以在线上申请，申请之后会有详细的建站指导。

（2）打造全民艺术普及大数据中心

在"十四五"期间，基于目前文化馆的体系框架、平台，发展中心与北京大学信息管理系联合共建公共文化服务大数据应用重点实验室，努力打造全民艺术普及的大数据中心。

目前部分文化馆已经在构建各自的系统，初步形成了一些数据，有些地方也已经形成了数据中心的雏形。2021年发展中心通过大数据系统与地方几家文化馆在合作开展大数据对接实验，重点关注实时数据和累计数据，以期在实验室和中心的大屏就能够看到地方的实时服务情况。在这个基础上，希望能够在全国更大的范围内实现对接，形成全民艺术普及的大数据中心。

大数据中心最基本的功能有两个：一是面向用户，提供全民艺术普及"千人千面"的智能推荐服务；二是面向机构用户，发挥全国文化馆（站）服务监测与管理作用，利用大数据监测文化馆（站）设施状况、免费开放情况、服务群众数量、服务效果等。

大数据中心目前正在构建并初步采集了一些数据，有云平台的访问情况，各地文化馆的入馆情况、开展培训情况、线上线下活动情况，以及从业人员的统计分析等。这些数据经过分析之后就会为我们的工作提供有价值的参考，如目前正在开展的文化馆评估定级工作。

还有一些专题内容的分析，比如2020年发展中心在线上举办的云上文采会，实验室开展了专题的数据分析，近期也会在国家文化云上发布相应的报告；前一段时间我们就2020年的基层直录播情况进行了专题分析，形成了分析报告，也发布了相应的排行榜，包括点击量的排行榜、活动的排行榜以及各个省参与场次的排行榜；2020年文采会大数据分析，对这次文采会的产品种类、用户最关注的产品种类及搜索热词等进行分析，还包括需求类别分析，比如可以看到用户对智慧软件、文艺演出，特色活动、文化内容等的需求，还可以通过用户热力图，分析用户的活跃度、活跃时间和分布情况。对这些活动的专题数据分析，能够对未来的工作，如2021年即将举办的文采会提供极具价值的参考。

三、"十四五"文化馆数字化建设与服务的思考

（一）数字化和数据化

省、市、县三级文化馆在"十四五"期间，要注重数字化与数据化发展，部分文化馆的数字化已经做得比较充分，但还有很多文化馆处于起步阶段，意识不到数字化对于公共文化机构，特别是文化馆领域的重要性。文化馆要思考哪些内容需要数字化：首先开展群众文化活动要数字化，要形成资源库；其次培训资源要数字化，要形成教学资源，能够在线上开展服务；文化馆的服务空间应有相应的数字化设备设施支撑空间环境的数字化，同时在线上构建虚拟的场馆空间。在"十四五"时期，文化馆的数字化要成为运行管理中的一个重要部分，形成一个新的常态。

数据化就是将各个环节的数字化形成的数据进行梳理归类分析，可以为文化馆的服务和管理提供帮助，这些数据本身就是文化馆重要的资产。"十四五"时期，文化馆在大数据体系的构建方面大有可为，需要大家更加关注这方面。首先需要关注数据化能够为文化馆带来什么，数据化能够产出什么。比如能够发现区域用户最喜欢哪一门类的文化艺术、各方群体的偏好，通过这些偏好进行有针对性的服务；再比如服务水平可以在哪些方面提升。这些都是可以通过数据化来进行分析的。

在公共文化服务领域，图书馆在大数据分析方面已有很丰富的成果，以浙江图书馆 2017 年大数据分析报告为例，其中分析了读者的阅读页数，统计了阅读厚度及借阅总时间，分析了性别偏好。希望在"十四五"时期，文化馆的大数据分析能有所发展，为文化馆发展提供数据支撑，比如对于文化馆全民艺术普及，可以针对参与全民艺术普及的用户特征、参与的门类及参与方式等情况做出分析。这些分析是文化馆职能的体现，也是对群众文化艺术需求、文化艺术参与的呈现。

发展中心也在积极推动文化馆数据分析，2021 年也在开展相关工作。希望经过这几年的努力，文化馆能够不断推出在公共文化领域甚至更大范围内有广泛影响力的大数据报告。

（二）打造独特 IP

IP 是一个独特的标识，它具有唯一性。在新的发展阶段，文化馆要打造不可替代的独特标识。"独特"的特点会使文化馆在一定区域内，特别是在互联网上具有较大影响力。

1. 资源 IP

这几年文化馆也在打造一些资源，各地文化馆对于 IP 的打造也做了很多探索。比如广州市文化馆的慕课，这样的慕课是结合文化馆自身的优势打造出来，可能会在一个区域内形成非常独特的 IP。资源不一定在多，但是要精，要抓住其不可替代性。

2. 名人 IP

现在网络上很多普通老百姓通过自己的努力成为网红，其实文化馆人也有这样的潜质，可以成为在网络上有人气、传播正能量的名人，如东莞的"非遗小姐姐"在直播间为东莞的非遗好货代言。

3. 活动 IP

活动 IP 的打造是文化馆的强项，通过打造各地独具魅力的、被社会公众知晓的活动，成就文化馆活动品牌，比如丽水的乡村春晚。

4. 场馆 IP

文化馆的场馆 IP 要有空间的设计，要具有美感、时尚感、舒适感、和谐感及科技感等元素，让人们享受其中，在某一个元素上能够形成文化馆的独特 IP，比如天津滨海新区文化中心的构建。各地的经济实力各方面都不一样，要结合各自的特点，去推动形成这种独特的 IP。

（三）矩阵式的传播与服务空间拓展

"十四五"时期，文化馆数字化开展服务的平台非常多，既有文化馆领域的一系列平台，也有网络上的传播媒介，要让这些有影响力的传播媒介形成矩阵。要想利用好互联网媒介平台，需要了解这些平台的所在位置及其特点，针对不同平台的特点和受众群体，提供具有针对性的内容。

国家公共文化云目前已经联合各大平台，如学习强国、《人民日报》、人民网、央视频、抖音、快手、今日头条和微博等形成了新媒体矩阵，这些平台都有各自的发声渠道，我们针对各个频道推出自己的内容。我们同时也要充分利用好文化馆领域的数字化平台。据我了解，目前各地文化馆自发组建了很多网络群，哪个省有好的活动会在群里分享，大家会自发地在各自的平台上宣传，这样就形成了具有强大能量的集群效应。比如2021年3月中央民族乐团举办了"华韵心声——唱支心歌给党听"音乐会，演出当晚，中央民族乐团联合多家平台对音乐会进行了网络直播，其中，国家公共文化云联合16个省级文化馆数字化平台对音乐会进行了并机直播，当天访问量合计74万余人次。地方的一些好节目也可以在各自平台播出的同时，联合全国各地的兄弟平台、国家云平台共同播出，形成矩阵式的传播。

服务空间拓展也是"十四五"期间文化馆工作的重要方面。文化和旅游部、国家发展改革委和财政部三部委发布的《关于推动公共文化服务高质量发展的意见》指出，推动公共文化服务高质量发展的主要任务之一是"创新拓展城乡公共文化空间。立足城乡特点，打造有特色、有品位的公共文化空间，扩大公共文化服务覆盖面，增强实效性。适应城乡居民对高品质文化生活的期待，对公共图书馆、文化馆（站）功能布局进行创意性改造，实现设施空间的美化、舒适化。支持各地加强对具有历史意义的公共图书馆、文化馆的保护利用。鼓励在都市商圈、文化园区等区域，引入社会力量，按照规模适当、布局科学、业态多元、特色鲜明的要求，创新打造一批融合图书阅读、艺术展览、文化沙龙、轻食餐饮等服务的'城市书房''文化驿站'等新型文化业态，营造小而美的公共阅读和艺术空间。着眼于乡村优秀传统文化的活化利用和创新发展，因地制宜建设文化礼堂、乡村戏台、文化广场、非遗传习场所等主题功能空间。鼓励将符合条件的新型公共文化空间作为公共图书馆、文化馆分馆。积极推进社区文化'嵌入式'服务，将文化创意融入社区生活场景，提高环境的美观性和服务的便捷性。鼓励社区养老、文化等公共服务设施共建共享"。我认为主要可以从以下3个方面进行探索、拓展。

1. 数字文化服务空间拓展

文化馆自有平台访问量的增加，意味着社会上更多的人知晓文化馆，这本身就是空间的拓展。我们能够利用网络上已有的各种平台，去推出我们的服务和品牌，让更多的人知晓，这就是服务空间的拓展。另外，一个用户如果能够更长时间地驻留在我们提供的服务中，这也是一种空间和时间的拓展。

2. 城市、乡村公共文化空间拓展

我们可以营造更多的提供文化馆服务的空间，这些空间可以用数字化的手段进行嵌入，比如东营的数字文化广场。全国各地都有文化广场，老百姓非常喜欢，经常在文化广场上参加活动，而东营的数字文化广场嵌入了数字大屏，数字大屏能够定期提供文化类的内容，这些文化类的内容使得文化广场成为公共文化服务的一个空间。另外，温州的文化驿站形成的艺术空间也是一种公共文化空间的拓展，这样的空间拓展使我们能够有针对性地提供有价值的服务。

3. 文化馆引人驻足的新空间

文化馆自身也要开拓新的空间，使更多的人能够在文化馆里面驻足和体验。在"十四五"期间，我们需要利用数字化手段，合力探索并打造让老百姓能够停下来体验的服务空间。

（四）以人为中心的智慧化服务

文化馆要从数字化走向网络化，再走向智能化、智慧化。实际上，智能化、智慧化的最终落脚点是人，所以数字化服务应从过去的普遍开展向更加针对需求的方式转变，更加聚焦人民需求，提供有针对性的服务。文化馆作为全民艺术普及的重要职能单位，要"为人找艺"，即为一个人去找他所需要的艺术类的知识、辅导等内容；还要"为艺找人"，为某个门类的艺术找到对其感兴趣的、喜欢的、想要参与的人；要通过我们的平台"因人传艺"，针对不同的人、不同的需求，提供具有针对性的艺术服务；同时也要"以艺聚人"，让不同艺术门类的爱好者形成不同的群体，使得这些群体能够互相交流，互相促进。所以智慧化服务应该是个性化、体系化的，而不是分散的。

人与系统的交互本质是人与人的交互。比如用户跟用户之间形成的社群具有交互性和黏性，它可以持续给用户提供服务，使用户能够在文化馆平台上获得成长，这样用户就愿意长期在这方面发展。

以上就是我认为"十四五"期间文化馆同人要共同努力的方向，也是借助数字化的建设和服务来提升文化馆的服务水平、实现高质量发展的重要方向。

 互动交流

主持人：

感谢罗主任的精彩分享，为我们讲解了文化馆（站）在"十四五"时期，推动公共数字文化服务高质量发展的方法论和路线图。

现在，我从网友的留言中选几个问题，请您进一步解答。

有网友留言：在"十三五"时期，文化馆数字化建设取得了显著的成绩，请问，地方文化云（数字文化馆）平台下一步重点工作方向是什么？

罗云川：

数字文化馆要从数字化走向网络化、智能化，下一步的重点工作方向一

是互联互通，各级各地文化馆平台在信息推荐、服务品牌活动、直录播节目、文化艺术普及资源等方面要加强对接，尤其是国家公共文化云与地方公共文化云的联动和对接，按照"6+X"的模式，依照统一的对接标准规范打造平台共同体，拓宽数字文化馆的服务广度，形成服务合力。二是提升服务品质，要从广泛性、普适性的服务向个性化、针对性的服务转变，从单一的、分散的服务向连续的、系统的服务转变，从线上线下各自服务向线上线下贯通、互相联系、互相促进的服务方向转变，从节目资源与用户的互动向"人与人互动＋人与节目资源互动"转变，也就是拓展服务的深度。这需要丰富资源内容，打通服务类型、服务元素以及开展个性化服务，提升终端设备水平。三是构建大数据体系，形成数据资产，持续优化服务，提高管理水平。

主持人：

谢谢罗主任！罗主任提到，我们要从平台上打造一张网，以用户为中心，更好地满足群众的多样化需求，也要以数据为支撑，让我们平台的运作和服务更有科学性。接下来是关于数字文化馆标准化建设的问题，请罗主任谈一谈数字文化馆标准规范未来的重点工作方向是什么。

罗云川：

文化馆作为我国特有的一个文化行业，在标准化方面，与图书馆、博物馆等行业相比，存在较大差距。"十四五"期间，数字文化馆标准规范建设主要有三方面工作：一是基础性的体系框架和基础性的标准制定，比如数字文化馆资源和技术基本要求；二是平台、数据、资源方面的标准，如文化馆大数据采集规范、公共文化云对接标准、文化艺术普及慕课资源的标准等；三是服务类标准，比如文化馆数字化服务、远程辅导、网络培训、线上线下群众文化活动开展、数字化终端设备管理维护等方面的管理与服务规范。这些规范标准，地方结合实际制定出台的空间比较大，各地文化馆可以着力制定出台。

主持人：

我特别同意罗主任说的。对于标准规范的制定，我个人也觉得除了国家的顶层设计之外，各地也要形成一个合力，为标准化工作贡献自己的实践经验，使之更具有可操作性。谢谢罗主任的解答！

主持人结束语

本季"讨论"到今天已经开播三期，得到了广大同人、网友的积极关注和踊跃互动。最近，我们收到许多文化馆的来电和信息，希望将本季嘉宾分享内容转载到本馆平台上，供更多人学习。在此，非常感谢大家的关注和认可。

在本季"讨论"播出期间，每一场内容经嘉宾授权同意后，我们都会于每周二，通过中国文化馆协会微信公众号，以推文形式进行发布，欢迎各馆转载并注明出处。

下一场"思考与讨论"将于4月14日（周三）下午三点准时与大家见面，我们邀请的主讲嘉宾是全国公共文化发展中心尹寿松副主任，他将给我们带来"群众文化活动创新发展的思考与实践"这一主题分享。

再次感谢罗主任！

各位同人、各位网友，今天的直播就到这里，我们下期见！

直播间二维码

| 第四讲

群众文化活动创新发展的思考与实践

主讲人简介

尹寿松，文化和旅游部全国公共文化发展中心副主任。曾先后任原文化部社会文化司图书馆处处长、公共文化司群众文化活动处处长，文化和旅游部公共服务司活动指导处处长。

 **主持人开场词**

引领文化馆建设，推动高质量发展。

文化馆（站）的各位同人，各位网友，大家好！

欢迎收看由文化和旅游部全国公共文化发展中心、中国文化馆协会主办，国家公共文化云、中国知网同期播出的"文化馆事业发展的思考与讨论（第二季）"。

我是本季"讨论"的主持人——文化馆发展研究院秘书长李亚男。

群众文化活动是构建现代公共文化服务体系建设的重要组成部分，是涵养城乡精神文明、实现人民美好生活需要的重要内容。近年来，在文化和旅游部的领导下，全国公共文化发展中心和中国文化馆协会强化与各地的协同联动，通过建立健全群众文化活动机制，扶持、推广优秀群众文化活动品牌，发挥"云"阵地优势，整合优质资源，为搭建全国性、区域性、地方性线上线下群众文化活动的大集成、大展台，推动群众文化活动的繁荣发展，走出了一条创新实践之路。

本季"讨论"的第四讲，我们邀请到了全国公共文化发展中心副主任尹寿松与大家分享交流"群众文化活动创新发展的思考与实践"。在嘉宾分享过程中，欢迎大家在播出界面的互动区留言提问，稍后我们将请嘉宾为大家答疑解惑。

下面，有请尹主任。

 **讲稿精粹**

各位同人、各位网友，大家好！很高兴今天有机会同大家交流一下关于群众文化活动创新发展的思考和体会。

　　说到创新发展，大家都会想到机制创新、内容创新和形式创新，但实际上我觉得在这些之前首先应该重视思维创新。互联网时代让我们用一种新的思维方式看待我们的群众文化活动。

　　目前有这样一项活动，它的日活跃用户超过 1 亿，而且用户黏性极强，参与者每天都乐此不疲，可以说是全身心投入、沉浸式体验，这项活动其实就是大家非常常见的广场舞。换一个视角，我们对群众文化活动就会有不同的思考，也会有新的想法、新的创意。

　　当然了，群众文化活动丰富多彩、形式多样，涵盖了各类文化艺术形式，包括音乐、舞蹈、戏剧、曲艺、书法、美术、摄影、文学等，也覆盖了各类的人群。

　　可以说群众文化活动深度融入了每个人的精神文化生活和人生的不同阶段，关系到全民艺术普及，关系到人的全面发展，因此群众文化活动也被写入了我国的根本大法——《宪法》。《中华人民共和国宪法》第一章总纲第二十二条明确规定："国家发展为人民服务、为社会主义服务的文学艺术事业、新闻广播电视事业、出版发行事业、图书馆博物馆文化馆和其他文化事业，开展群众性的文化活动。"群众文化活动的重要地位和重要作用由此可见一斑。

　　立足新发展阶段，在新发展理念中，创新是第一位的。创新是时代的主题，是推动事业发展的不竭动力，推动群众文化活动创新发展，是文化馆的责任和使命。今天我从三个方面跟大家交流一下：第一个方面是群众文化活动创新发展的机遇，第二个方面是群众文化活动创新发展的思路，第三个方面是群众文化活动创新发展的实践。

一、群众文化活动创新发展的机遇

　　社会主义文化强国的建设，人民群众生活水平的提高，科学技术的飞速发展，都给群众文化活动带来了一系列新的机遇。概括起来三句话：中央重视，人民期待，科技赋能。

1. 中央重视

党的十八大以来，党中央始终把发展公共文化服务摆在重要位置，不断提升公共文化服务水平，着力增进人民文化福祉。

党的十九大报告明确提出：完善公共文化服务体系，深入实施文化惠民工程，丰富群众性文化活动。关于公共文化服务，从完善体系到实施工程，最终的落脚点在活动上面，这是因为所有的公共文化服务体系建设的工作、惠民工程实施的成效最终都要在活动上来体现，也只有通过活动才能让人民群众最真切地感受到文化的获得感、幸福感。

党的十九届四中全会提出：完善城乡公共文化服务体系，优化城乡文化资源配置，推动基层文化惠民工程扩大覆盖面、增强实效性，健全支持开展群众性文化活动机制，鼓励社会力量参与公共文化服务体系建设。这是从推进文化治理体系和治理能力现代化的角度，对群众性文化活动提出了健全机制的明确要求。

党的十九届五中全会提出：推进城乡公共文化服务体系一体建设，创新实施文化惠民工程，广泛开展群众性文化活动，推动公共文化数字化建设。

在《国民经济和社会发展第十四个五年规划和 2035 年远景目标纲要》中，同样明确提出了要广泛开展群众性文化活动。

在中央的高度重视下，各地各部门也在不断完善公共文化服务体系建设和丰富群众文化活动的政策体系和支持保障。前不久文化和旅游部、国家发展改革委、财政部刚刚出台了《关于推动公共文化服务高质量发展的意见》，这个文件对群众文化活动有很多明确的要求和具体的内容。

2021 年 1 月 1 日颁布实施的《上海市公共文化服务保障与促进条例》，也把群众性文化活动单列了一章。所以整个政策体系的完善，为群众性文化活动提供了良好的机遇。

2. 人民期待

随着物质生活的日益富足，人民群众对精神文化的需求日益增强。根据专家研究和国际经验，人均年收入在 1 000 美元到 3 000 美元时，人们进入物质需求和精神需求并重的时期；人均年收入超过 3 000 美元，人们的消费逐步向精神文化消费为主导转型。

国家统计局公布的《2020 年国民经济和社会发展统计公报》数据显示，全年我国居民人均可支配收入 32 189 元，其中城镇居民人均可支配收入 43 834 元，农村居民人均可支配收入 17 130 元，城镇居民的人均收入已经远远超过了 3 000 美元，农村居民的人均收入也已经非常接近 3 000 美元。经济社会发展水平越高，人民群众物质生活越丰富，人们的精神文化需求就越突出。目前我国已经转向了高质量的发展阶段，人民改善生活品质的愿望更加强烈，享有更丰富更高品位文化生活的期盼日益高涨，这也为群众文化活动提供了广阔的空间。

根据 4 万多个各级文化馆（站）构成的我国群众文化机构开展活动情况的统计，可以看到从 2016 年至 2019 年，群众文化活动开展的场次和服务的人次都在稳步增加。服务的人次从 2016 年的 5.79 亿，到了 2019 年的 7.87 亿，场次也达到了 245 万场，包括展览、文艺活动、公益性讲座、培训班等。这些数据的背后其实是一个个鲜活的人物，一个个生动的故事。

有一件事情给我留下了很深的印象，这是浙江省文化馆王全吉老师亲身经历的一件事情。几年前有一次他来北京出差，正好我请他到办公室来一起研究工作，于是他就打了一辆出租车过来，结果出租车上的电台正在播放一首由笛子演奏的《扬鞭催马运粮忙》。王老师随口赞美了一句说笛子吹得不错，结果没想到司机师傅说笛子吹得不行，尤其是中间乐段吹成了慢四拍，怎么也感受不到欢乐的样子。然后到了十字路口遇到红灯，他把自己录的一张光碟塞到 CD 机里播放，还是这首曲子，笛音清亮，节奏欢快。王老师惊到了，司机师傅说，这是他好几年前录的，没有现在吹得好。王老师就问他："你去过文化馆吗？参加过文化馆的活动吗？"结果司机师傅说，他经常去文化馆，他们有一个民乐队，一共30多号人，每周二上午都在东城区文化馆排练。王老师又问他，每周二上午他不出车去文化馆参加排练，那不是要损失不少钱吗？司机师傅笑笑说，每周二去文化馆吹笛子，是他一周中非常开心的时光。

不知道大家听到这个故事有什么感受？我的感受首先是非常佩服王全吉老师，打个车都能发现一个群众文艺骨干。其次我也很佩服出租车司机师傅，他在出车挣钱和兴趣爱好之间，选择了自己的兴趣爱好。其实这位出租车司机就是千千万万个普通群众的一个缩影，反映了当下人民群众对于美好生活的需要，这必然推动着群众文化活动高质量发展，同时也对各级群众文化机构提出了更高的要求。

应当看到，我国文化需求和文化供给之间的结构性矛盾还比较突出，在群众文化活动方面也是如此，活动的数量和质量还有较大的提升空间。如何吸引更多年轻人参与，也是文化馆人必须要面对的问题。在这儿我也想给各位提出一个问题：你们觉得如何才能更好地吸引年轻人，吸引更多的年轻人来参加我们的群众文化活动？欢迎大家留言互动。

3. 科技赋能

目前我国数字社会、数字政府建设步伐加快，互联网普及率和用户规模大幅攀升，为群众文化活动的创新发展提供了许多有利条件。

根据2020年底最新发布的第47次《中国互联网络发展状况统计报告》，截至2020年12月，我国网民规模达到9.89亿，互联网普及率达70.4%，其中手机网民规模达9.86亿，网民使用手机上网的比例达到了99.7%。网民人均每周上网的时间在最近5年达到26小时以上，也就是说平均每天接近4个小时，这是一个相当高的比例，所以也就不难理解我们身边为什么有那么多"低头族"。报告显示我国网民喜欢看短视频，截至2020年12月，我国网络视频用户规模达9.27亿，占网民整体的93.7%，其中短视频用户规模为 8.73 亿，占网民整体的 88.3%，数据规模相当的惊人。这个数据也解释了现在短视频平台那么红火的原因。

网络彻底改变了人们的日常生活，也给群众文化活动带来深刻的改变，所以我们必须要去积极地适应和拥抱变化，为群众文化活动插上互联网的翅膀。

移动互联网时代意味着海量的用户、海量的资源、海量的数据，同样在移动互联网时代，人人都是自媒体，人人都是麦克风，广大的群众不仅仅是文化活动的参与者，同时也是创作者、传播者。

具体到短视频，我觉得短视频关键还是在于内容，因此公共数字文化需要提供更多优质的短视频的内容，在这个方面，博物馆的同行已经做了一些尝试。

2020 年"博物馆说"网络短视频推广活动在全国开展。活动汇集了 130 家国家一级博物馆和 13 家全国重点美术馆的馆藏珍品，以馆长或专家为讲解人，以经典文物为对象，在学习强国、人民网、央视网、光明网、芒果 TV、爱奇艺、快手等平台，开设了"博物馆说"专题，让观众足不出户便能聆听国宝传奇。如果说博物馆行业要千方百计让馆藏的文物活起来，那我们本来就很鲜活的群众文化活动在这方面更是有着天然的优势。因此，发展中心于 2020 年下半年对国家公共文化云的手机端进行了全面改版，从用户的角度出发，注重用户的需求和体验，全新设置了六大板块：看直播、享活动、读好书、学才艺、订场馆、赶大集，要在手机端打造全民艺术普及服务的总平台，打造全国群众文化活动的中心。也希望大家多关注多支持。

二、群众文化活动创新发展的思路

随着时代的发展，群众文化的内涵和外延都发生了变化，要紧紧抓住群众文化活动的新变化、新需求，以创新驱动引领群众文化活动高质量发展。

首先让我们来看一看新时代群众文化活动都有哪些新特点：

1. 从组织机制看，具有从文化部门主办到社会力量参与的社会化特点

2020年北京市东城区的一家街道级的公共文化机构启动运行，仅仅三个月的时间，策划开展了千场以上富有特色、极具吸引力的群众文化活动，为此我专门去做了调研。这个机构就是美后肆时景山市民文化中心，它位于北京东城区美术馆后街40号，取名"美后肆时"，寓意四季更新、四时更迭、美好永不间断。

基层的公共文化机构如此活跃的原因，就在于委托了专业化的社会机构运营，构建创新型、品牌化和规范化的公共文化运营体系。在活动内容构建方面，美后肆时与100多家文化机构、200多位文化讲师建立了合作关系。其中既有人民文学出版社、中国美术馆公共教育部这样的文化机构，也有斑马戏剧、大逗相声这样新兴的社会文化机构。这些机构共同努力，短期内通过举办一系列的四合院群众文化活动，把美后肆时打造成了北京最欢腾的四合院和网红打卡地。

在2020年"双11"期间，美后肆时开展了四合院单身青年节活动，利用一个周末的时间，发动了20多家机构，开展了丰富多彩、时尚新颖的群众文化活动，吸引了很多年轻人前往参与。看着这样一个活动的清单，相信每个网友都会有浓厚的参与兴趣。

2. 从内容形式看，具有从传统文化传承到传统时尚融合的多样化特点

比如天津市群众艺术馆推出的"梦想家"系列活动着眼于青年人的文化需求，开展了梦想家青年戏剧节、大学生音乐节、大学生相声展演季、梦想家动漫周以及新青年新国运、新青年新合唱、新青年新街舞、新青年新越剧等一系列活动，在京津冀的高校和年轻人中产生了很大的影响，挖掘和发现了众多的青年文艺人才。

3. 从呈现方式看，具有从"线下活动＋线上直播"到线上线下活动融合互动的网络化特点

过去群众文化活动更注重线下，只在传播时与线上结合，而现在是线上线下同步策划，融合互动，这就进入了"互联网＋"的时代。

比如上海市民文化节 2020 年因为新冠肺炎疫情防控的要求，不能举办大规模聚集性的线下活动，所以就把文化活动搬到了网络上，2020 年 3 月 28 日开展了云上文化服务日，收到了非常好的效果。2021 年上海市民文化节首次将文化服务日进行线上线下的同步启动，坚持在场在线并举，在线下主会场和 5 个分会场同时举行，推出了八大频道 12 小时的大联播，一共 1 000 多个节目内容。同时开启了 5G 技术应用，全面支持 5G、4K 超高清视频直播，8K VR 看展，打造全天候、多样化、不落幕的云上虚拟文化节。

4. 从活动内涵看，具有从注重数量增长到注重品质提升的品牌化特点

比如北京市民都很熟悉的首都市民系列文化活动，经过多年来的深耕，已经打造出了歌唱北京、舞动北京等一批群众文化活动品牌。湖南的"欢乐潇湘"群众文艺汇演活动以及四川的"艺术乡村·美好生活"乡村艺术节也都在打造群众文化活动品牌方面做出了许多努力，取得了很好的效果。

新时代群众文化的新特点，形成了当下群众文化活动充满生机活力的文化景观。对于把握群众文化活动的新变化、新特点，创新发展群众文化活动，主要有以下思路：

（1）把握群众需求，做好服务引导

要主动靠近群众，了解群众需求，充分尊重人民群众的主体地位和首创精神，充分发挥群众文化活动寓教于乐的特点，为广大人民群众提供方方面面的服务，引导群众在参与中自我表现、自我教育、自我服务。

（2）紧跟时代发展，融合线上线下

要树立互联网思维，把互联网作为平台和引擎，推动群众文化活动创

新发展，不断提升群众文化活动的覆盖面和实效性，打造群众文化活动新业态，推动形成积极健康的网络文化生态。

（3）整合社会资源，打造活动品牌

探索更广阔的天地、更多元的发展，整合资源，吸引社会力量、市场主体、民间能人的积极参与，打造活动品牌，实现破圈层传播，进一步提升群众文化活动的影响力。

（4）统筹国内国际，推动群文活动走出去

要充分发挥群众文化活动深接地气、通俗易懂、小巧灵活的特点，开展对外文化交流活动，让各地优秀群众文化团队、节目和资源走出去，讲好中国故事，讲好百姓故事。

现阶段由于新冠肺炎疫情的原因，我们主要是在线上和中外文化交流中心合作，把我们优质的群众文化活动和资源推出去。今后我们要依托海外中国文化中心以及中国群众文化学会（国际民间艺术节组织理事会中国委员会）这样两个主要的平台，让我们群众文化活动有更多的机会走出去。

说到群众文化活动，不知道在大家的心目中，什么样的群众文化活动才是一个好的群众文化活动。在我看来主要是四点：有人物，有故事；有创意，有温度；有能量，有流量；有用户，有互动。

（1）关注活动台前幕后，深挖感人故事

在群众文化活动中，我们不仅要关注台前，更要关注幕后，要去挖掘蕴藏在群众文艺团队中的人物和故事。曾经获得群星奖的舞蹈作品《阿婶合唱团》背后就有许多感人的故事。当我们了解到阿婶合唱团的故事，我们再去看这个节目的时候，会不会是完全不同的感受？所以群众文化活动始终要把关注点放在人的上面。

一个好的群众文化活动，也应该是富有创意、温暖人心的。

（2）正能量与流量并重

群众文化活动在互联网时代，既要讲能量，传播正能量，振奋精气神，同时也要讲流量。实际上群众文化活动本身是自带流量的，发展中心从2020年开始开展的"乡村网红"培育计划，就是发掘培育一批优秀的"乡村网红"人才，打造可持续的"乡村网红"IP，引领乡风文明建设，助力乡村文化振兴。

一个好的群众文化活动，必然要关注用户，了解、挖掘、创造用户的需求，同时和用户展开积极的互动。比如上海市群众艺术馆开展了一项叫"午间一小时"艺术导赏的活动，该项活动主要面向都市白领，利用他们午间的时间，为他们定制艺术普及菜单，受到了广泛的欢迎，取得了很好的效果。这就是主动去发现用户的需求，然后设计相应的活动。

三、群众文化活动创新发展的实践

（一）《群英汇》

2017年，文化部公共文化司和中央电视台综艺频道合作，推出了首档大型群众文艺展示栏目《群英汇》。它以城市为单位录制，集中展示一个地方的群众文化活动的成果，一共录制播出了40多期，展现了40多个城市的群众文化风采，搭建起了真正属于基层百姓的文艺平台。

节目的导演组和各地文化馆的同人在讨论节目架构和设计内容时，提出节目的要点应是表现文艺节目背后人的生活和情感。《群英汇》应是讲述老百姓自己的文化生活的故事，如《阿婶合唱团》就是在《群英汇》这个栏目中播出的一个作品。第一次和中央电视台的深度合作，给文化馆同人带来许多启发。

有一位馆长就写了这么一段工作随感："受央视三套《群英汇》栏目邀请，带草根文化文艺爱好者去录制一期节目，和同事们商量候选人物时，突然发现我们平时只关注了台前呈现出来的舞台上的精彩，却很少有机会去了解台后的故事：他们为什么这么有激情？为什么乐于奉献？为什么坚守？仅通过已有的几个人物故事的梳理，就让自己感动了。在他们身上我看到了对生活的热爱和自信，看到了我所不及的毅力，我相信节目录制出来必定很感人，满满的正能量。同时这个节目也引导群文工作的新关注点，那就是对人的关注。"我想他也是说出了当时参与这个栏目的很多群文人的心声。

2017年《群英汇》栏目刚开始在中央电视台综艺频道午间档播出，由于收视率比较高，所以播出不久就调整了播出时间，改为晚间播出，与同时段的节目相比，其收视率也一直名列前茅。40多期《群英汇》栏目收视量达到了6.8亿人次。

（二）云上群星奖

2019年第十八届群星奖决赛在上海举行，我们创新打造了云上群星奖，将线下有限的物理空间与线上无限的互联网空间相结合，把线下的文艺评奖变成了线上的全景式体验空间，同时发挥新媒体传播优势，依托国家公共文化云、文化上海云和圆点直播，联合140多家地方云全方位、多角度展示了群星奖的台前幕后，让广大群众通过互联网关注和参与群星奖的各项活动。

为了达到让用户全景式体验群星奖的目的，国家公共文化云在专题页中设计了丰富的内容和综艺式的节目编排，推出了动态宣传海报、各地链接、最新动态、群星奖简介、入围作品、往届回顾、历史沿革等内容，还增加了"我与群星奖""答题闯关"等互动板块，设置了《群星奖主创说》《群星奖背后的故事》等栏目，进一步发掘背后的故事，增加可看度。

这样的尝试让全国的观众在网络云端见证了"群星璀璨"，同时也开创了公共文化传播的一个新模式，使群星奖的传播效应无限延伸。根据统计数据，群星奖一共进行了20场的直播，线下的观众不到2万，线上的访问量达到了3 385.1万；云上群星奖完成了采访拍摄视频素材842个，将近3 000分钟，剪辑成片总计89个，约230多分钟；拍摄台前幕后的高清照片2万多张，图片直播发布900多张，传播范围覆盖全国31个省（区、市）1 928个市县，并且吸引了27个国家和地区的网民的关注和访问。

（三）百姓大舞台

2020年，依托国家公共文化云，发展中心推出了"百姓大舞台"网络群众文化品牌活动。活动以"云上群文风采　共享美好生活"为主题，为全国各地极具特色的群众文化活动、品牌活动，搭建了一个更广阔的舞台。

经过各地申报和遴选，最后一共有24个省（区、市）的71个群众文化活动被纳入了百姓大舞台的平台，经过统一的包装和策划，活动在国家公共文化云上线。

百姓大舞台不仅仅是老百姓的舞台，更是全国的群众文化活动最优秀的品牌活动的舞台。我们不仅开展了网络直录播、短视频征集展播，还有人气活动推选，通过线上专题和线下各地丰富多彩的群众文化活动，进一步提升了群文工作的影响力。

百姓大舞台活动将像珍珠般散布在全国各地的优质群众文化活动，串成了一串美丽的项链，梳理成了8个板块。比如"全民广场舞"汇集了山西、上海、河南、湖北、重庆还有青海的广场舞活动；"好歌大家唱"包含陕西新民歌、天津合唱节、京津冀百姓歌手大赛；"乡村文艺秀"既有重庆的乡村文艺汇演，也有来自东北长春的乡村文化旅游节，还有四川省乡村艺术节和陕西新农村巧娘才艺展示等；"达人嘉年华"有上海的浦东文化团队嘉年华、山西的农民工歌手大赛、成都的街头音乐节；"欢庆中国节"围绕国庆和其他传统节日，汇聚了北京、新疆、四川的优质群众文化活动；"区域大联欢"荟萃了优质的区域性的群众文化品牌，如京津冀优秀节目大会演、长三角群众文化优秀节目展演、赣浙闽皖四省四市民间艺术节、华东六省一市戏剧小品大赛和粤港澳大湾区童话节等；"时代新风貌"紧扣时代脉搏，推出了上海群文抗疫作品展演、纪念中国人民抗日战争暨世界反法西斯战争胜利75周年系列活动、城市之声音乐会、十大国门卫士表彰大会、讲述移民管理、警察故事主题晚会，还有天津的梦想家、新时代新青年活动、脱贫致富奔小康的书画摄影作品联展，以及新时代最可爱的人专题朗诵会；"明星闹村晚"把各地 2020 年乡村"村晚"优秀作品、好的活动荟萃到一起，让老百姓可以在网上享受一场文化盛宴。

根据数据统计，百姓大舞台 2020 年一共推出了品牌活动 58 个，直录播 78 场，点击量将近 2 000 万人次。

（四）2021 年全国"村晚"示范展示活动

进入 2021 年，我们开展了全国"村晚"示范展示活动，主题是"欢乐过大年·迈向新征程——我们的小康生活"。"村晚"发源于浙江丽水，是乡村居民自编、自导、自演、自赏的春节期间的群众文化活动，用这样的"村晚"串起了乡音、乡情、乡愁。

2021 年的"村晚"示范展示活动首先是名称发生了变化，把"乡村春晚"改成了"村晚"，这样不仅仅是春节期间开展，全年都可以依托传统节日、重大节庆常态化开展。

2021 年的"村晚"有几个突出特点：文化和旅游融合，线上和线下结合，大屏和小屏联动，新媒体和传统媒体合力。用反映群众身边人、身边事和身边情的节目，展现了广大农村地区的乡土气息、民风民情和人文底蕴，倡导文明过节新风尚，呈现百姓们的小康生活，呈现新时代中国人的精气神。

与央视频的合作，让传统的"村晚"经过策划包装，通过年轻态的转化表达，焕发了新的生机与活力。在严格新冠肺炎疫情防控、鼓励就地过年的形势下，通过网络联动让各地"村晚"从区域的小欢喜发展成遍及全国的大联欢，带着大家体验各地过年的情景，让老百姓的春节文化餐桌上呈现出不一样的年味，让就地过年的群众感受到浓浓的家乡味道。

1. 启动仪式暨云上发布会

2021 年一共开展了两场重量级的云直播：第一场是上了中央电视台《新闻联播》的"村晚"示范展示活动的启动仪式及云上发布会。第二场是 2 月 4 号也就是农历小年开展的一场题为"我的'村晚'我的年"的云直播晚会。该晚会采取"1+7"的形式，以中央广播电视总台演播厅为主会场，在七地设置了分会场，跨区域联动，进行了一场 4 个多小时的接力直播，集中展示了各地"村晚"的精彩节目与特产好物，把 2021 年全国"村晚"示范展示活动推向高潮。该直播实时参与的人次超过 600 万。

2. 云上"村晚"专题

国家公共文化云、央视频、文化和旅游部官网，分别推出了 2021 年全国"村晚"示范展示活动的专题。在国家公共文化云上线的"村晚"专题推出了《"村晚"云联播》《跟着"村晚"看中国》《"村晚"我推荐》《"村晚"好物集市》等栏目，全景展示了全国"村晚"的热闹场面。在央视频推出的"村晚"专题，不仅在首页进行了重点推送，而且被纳入了央视春晚的专题栏目，让"村晚"和春晚交相辉映，积攒了极高的人气。

3. "村晚"直录播

精选了 18 个省（区、市）的 27 场"村晚"进行了网络直录播，线上的参与人次达到了 7 700 多万。

4. 综合性资讯周报节目

与央视频合作，和各地的乡村"村晚"一起推出了综合性的周报资讯节目《我们的宝藏"村晚"》，由咱们"村晚"精彩多、咱们"村晚"美景多、咱们"村晚"故事多和咱们"村晚"好物多四个部分组成，共推出 5 期。

5. 优秀"村晚"示范推荐展播

开展了优秀"村晚"节目的推荐展播，从上千场"村晚"中遴选出了大量的优秀作品。在国家公共文化云和央视频两大平台同步展开了"我最喜爱的'村晚'"节目展播及投票活动，得到了观众的广泛关注和踊跃投票。在元宵节当天播出的《我们的宝藏"村晚"》第 5 期周报节目中也正式公布了《2021 年我最喜爱的"村晚"节目人气榜单》，来自四川由丁真参与表演的节目最后荣登榜首。

6. 央视多频道播出

"村晚"活动还在中央电视台多个频道播出，比如农业频道连续 6 天开展了《农家院里过大年》的"村晚"特别节目，综艺频道密集地对"村晚"进行了特别报道，新闻频道也持续不断地关注和报道各地"村晚"开展的情况。

据统计，2021 年全国春节期间共举行了"村晚"活动 9 522 场，参与的人次达 1.24 亿，其中线上的参与人次约 1.22 亿，占比达到了 98.39%。

接下来我们将引导"村晚"由春节期间集中开展向节日期间常态化开展延伸，由侧重文艺演出活动向群众文艺展示、特色文化传承、好物美景推荐综合性活动转变，借助"互联网 +"，创新线上线下联动模式，吸引社会力量参与，扩大覆盖面，增强影响力，将"村晚"打造成展示群众精神风貌、传承优秀乡土文化、助力乡村振兴的重要平台。

群众文化活动是一个无比广阔的舞台，可以有效激发广大群众的文化创造活力，让更多的人实现自己的艺术梦想；群众文化工作就是一片群星璀璨的星空，每一个充满奉献精神和无私品格的文化馆人，都是天空中一颗明亮的星。

最后我想以王全吉老师的一段话来结束今天与大家的分享交流：文化馆人的初心和使命，就是心系苍生，面向基层，以满腔的热情、人文的情怀，传承优秀传统文化，推进全民艺术普及，在广袤大地上书写艺术的理想，人生的诗篇。

谢谢大家！

 互动交流

主持人：

感谢尹主任的精彩分享。经过您的解答，也让我们了解到国家引领地

方创新打造群众文化品牌活动的思路和做法，您列举的这些案例具有非常好的示范借鉴意义。接下来我将挑选一些网友的提问，请您进行解答。一位网友留言问到，要做好群众文化活动创新，作为文化馆人应当强化怎样的思维？

尹寿松：

谢谢这位网友。一开始我就说到了推动创新发展，首先是思维的创新，我觉得新时代的文化馆人应当具有三种思维：平台思维，用户思维，数据思维。

第一是平台思维。群众文化活动重要的是搭台，搭台比唱戏更重要，要为优秀群众文艺作品、群众文艺团队、群众文艺人才搭台，要为民间的文艺能人搭台，要为我们的合作伙伴搭台，要为各类的社会力量、社会主体搭台，让他们在群众文化活动大舞台上八仙过海，各显神通。搭台实际上要求的是整合资源的能力，这对一个行业长期发展至关重要，所以文化馆人要有这样的大格局。

第二是用户思维。我想这是互联网思维的一个根本，就是以用户为中心，关注用户的体验，了解用户的需求，而且与用户建立联结。现在的技术手段已经完全可以做到了。我们群众文化活动的用户在哪里？我们必须要去关注他们的所思所想和需求。同时用户思维意味着群众文化活动不是单向的输出，而是双向的互动，因为群众文化活动本质上还是属于公共文化服务。现代服务的逻辑就是把用户视为一种资源，纳入自身的价值体系，在和用户合作的过程中，共同创造价值。所以有了这样的一个互动的用户思维，可以让我们的群众文化活动迸发出更多的活力。

第三是数据思维。在这样一个互联网、大数据、人工智能飞速发展的时代，数据是最宝贵的资产。群众文化活动必然也带来海量的数据，这些数据可以让我们用来进行用户的管理，精准识别群众多样化的文化需求，有针对性地策划群众喜爱的文化活动，同时还可以进行用户反馈，获取群众对文化活动开展的意见和建议。通过数据分析还可以了解科学的评价、群众文化活动的成效，为今后策划推出更多更好的群众文化活动提供有益的信息。

主持人：

谢谢尹主任。三种思维能力，相信大家现在也清楚了。还有一个问题：很多文化馆想了解 2021 年全国公共文化发展中心要开展的重要群众文化活动有哪些？地方如何参与进来？

尹寿松：

这个问题也是我们从 2020 年年底就开始思考和谋划的。2021 年是中国共产党成立 100 周年，因此发展中心按照文化和旅游部的总体部署，将围绕庆祝建党 100 周年，推出三个重点群众文化活动，分别是"唱支山歌给党听"大家唱群众歌咏活动、"舞出中国红"全国广场舞展演活动和"百姓大舞台"网络群众文化品牌活动。三个主题活动都是围绕庆祝建党百年，用老百姓最喜闻乐见的形式开展。

最近文化和旅游部刚刚下发了有关"唱支山歌给党听"大家唱群众歌咏活动的通知，对活动进行了总体的安排部署。发展中心作为承办单位，将和各地的文化和旅游行政部门的同人，发挥我们各级文化馆（站）的作用，开展线上线下的融合互动，引导群众广泛传唱爱国歌曲。我们将推出线上专题，并进行一系列的直录播；同时还将和上海市群众艺术馆合作，开展全国群众歌曲征集活动，围绕庆祝建党百年主题，征集一批新创作的优秀的群众作品，在"七一"前后正式公布最后的结果。请大家期待。

2021 年的"舞出中国红"全国广场舞展演活动更注重普及和推广，利用这样一个契机，调动文化馆的创作力量，来创作一批门槛低、易学易跳的优秀的广场舞作品，让跳广场舞的爱好者能够有更多的优秀作品。在国家公共文化云上推出教学的专题，有一批优秀的教学视频，同时还要联合央视频以及重量级的短视频平台，来共同发起话题挑战、作品征集等一系列活动，真正激发老百姓的文化创造活力。

2021年"百姓大舞台"网络群众文化品牌活动的主题是"云赏群文风采 共庆建党百年"，实际上就是为全国优秀的群众文化活动搭台，把各地最具特色、最有亮点的群众文化活动集中到一起，产生品牌的力量，进行统一的包装策划、传播推广。计划全年在线上线下同步开展，展现群众文化活动的一个整体的力量和风貌。年底再根据全年活动的情况，向社会推出优秀群众文化品牌活动的榜单，来提升群众文化活动的品牌影响力。也请大家关注。

主持人：

听起来非常的精彩有趣，三个主题活动贯穿了全年，相信各级文化馆能够把各自的资源力量参与进来形成合力。再次感谢尹主任！

我们期待：全国文化馆（站）在"十四五"时期，能够与全国公共文化发展中心、中国文化馆协会并肩协力，不断创新群众文化活动的组织管理和服务手段，以乡村"村晚"、大家唱、广场舞等颇具影响力的文化活动为抓手，进一步引导城乡群众成为文化生活的主角和主体，充分激发全社会的文化创造活力。

🎤 主持人结束语

本季"讨论"开播至今，我们邀请到了四位嘉宾，以"主旨报告"的形式，就文化馆（站）在新发展阶段需要明确的工作方向和主要任务，做了全局性、整体性、系统性的主题分享。

接下来从第五讲开始，我们将以全新的方式，聚焦文化馆事业发展各方面的热点话题，邀请更多的嘉宾加入讨论，期盼能给大家带来丰富的思考火花和学习延伸。

下一讲，将于 4 月 21 日（周三）下午三点准时播出，我们将就"文化馆年报编制与公开工作"这一议题，邀请广东省文化馆馆长毛凌文作为主讲人，中国文化馆协会副理事长、浙江省文化馆首席专家王全吉作为主评嘉宾，张家港市文化馆原馆长李立群作为互动嘉宾，与大家分享交流。敬请期待！

今天的直播到此结束，感谢各位同人、各位网友的观看，我们下期再见！

📶 直播间二维码

第五讲

文化馆年报编制与公开工作

主讲人简介

　　毛凌文，研究馆员。广东省文化馆馆长，广东省非物质文化遗产保护中心主任，中国文化馆协会常务理事，全国公共文化发展中心文化馆发展研究院学术委员，中山大学图书情报硕士行业导师。

主评嘉宾简介

　　王全吉，研究馆员。中国文化馆协会副理事长，全国公共文化发展中心文化馆发展研究院学术委员，浙江省文化和旅游智库第一届专家委员会委员，浙江省文化馆首席专家。

互动嘉宾简介

　　李立群，研究馆员。文化馆发展研究院学术委员，曾任大学教师、新闻主播、电视导演、文化馆长，主持完成国家文化创新工程重点项目"县域文化馆总分馆体系探索与示范"，文化和旅游部行业标准化研究项目"文化馆总分馆建设标准指标体系研究"，以及全国文化系统老年大学规范化建设试点项目。其辅导的小品《生日聚会》荣获第十八届"群星奖"。

 **主持人开场词**

引领文化馆建设，推动高质量发展。

文化馆（站）的各位同人、各位网友，大家好！

欢迎收看"文化馆事业发展的思考与讨论（第二季）"。我是本季"讨论"的主持人李亚男。

今天播出的是本季"讨论"的第五讲。从这一讲开始，我们将以"文化馆事业高质量发展研究计划"的重点课题研究内容为牵引，展开深入的探讨。

建立年报制度是文化馆落实《中华人民共和国公共文化服务保障法》，推动工作理念、工作方式和管理机制创新，科学提升服务效能的重要举措。如何做好文化馆的年报编制与公开工作，使其能够"向外"成为社会公众全面了解文化馆职能和业务的"说明书"，"向内"为文化馆优化服务内容和服务形式，提高专业水平发挥"指南"作用，是近年来全行业关注的热点议题。

下面，我们首先邀请到广东省文化馆馆长毛凌文作为主讲人，为大家分享有关的研究成果。随后，我们会邀请中国文化馆协会副理事长、浙江省文化馆首席专家王全吉作为主评嘉宾，对议题进行拓展和延伸。接着，我们还将邀请张家港市文化馆原馆长李立群作为互动嘉宾，参与进一步的讨论交流。

现在，有请毛馆长！

 **讲稿精粹**

各位文化馆（站）的同人，大家下午好！非常高兴参加"文化馆事业发展的思考与讨论（第二季）"活动，感谢全国公共文化发展中心、中国

文化馆协会提供这样的机会，让我能够和大家交流文化馆年报编制与公开工作。

今天的交流分为"文化馆年报工作的背景要求与作用、意义""典型案例介绍""年报编制的原则、内容与方法""年报公开"四个方面，主要内容来自全国公共文化发展中心 2020 年度重点课题"文化馆年报编制与公开制度研究"的成果，同时参考了许多同行的研究资料，中国文化馆协会提供了第五次全国文化馆评估定级系统中有关年报工作的统计数据。

在正式内容开始前，我想先请大家看一份年报，这是江苏省张家港市文化馆 2020 年度工作年报。我总结张家港市文化馆的年报具有四个特点：一是速度真快，2020 年的年报在 2021 年的 1 月份就编印出来了；二是颜值真高，颜色明快淡雅，图片清晰丰富，版式设计独特；三是内容真全，包括快报、细说、附录三个部分；四是真有才气，卷首有诗抒怀，书尾用口号励志。每一个篇章的命名都充满诗情画意，如：抗疫活动取名为"'疫'起不容辞"，群文创作是"春花依旧繁"，每一个篇章之前附有夹页，用以引述经典语录。此外，年报采用轻型纸印刷，其质感、还原性以及不透明度都非常好，又轻又厚，翻阅感舒适。相当优秀，值得学习。

一、文化馆年报工作的背景要求与作用、意义

年报是什么？企业最早做年报是以一个财政年为时间单位，但文化馆行业通常是以自然年为时间单位。由文化馆自主编写的总结性的报告文书，能够全面、精练地呈现年度服务、管理和运行情况，这样的文书我们称之为年报。但在看过第五次全国文化馆评估定级系统中 3 319 个文化馆的评估数据之后，我发现有部分文化馆同行对于年报的了解还不是很清晰，一些文化馆上报的年报数据有政府信息公开指南、文物统计信息系统、年度决算报表等，这些都不是年报。

为什么要编制年报？大家都知道《中华人民共和国公共文化服务保障

法》第二十一条规定了"公共文化设施管理单位应当建立健全管理制度和服务规范，建立公共文化设施资产统计报告制度和公共文化服务开展情况的年报制度"，第五次全国文化馆评估定级也在"业务建设"部分有年报制度相关的指标要求（"编制年报并且向社会公众公开、提供免费获取途径"），但其实早在 2004 年、2008 年和 2017 年制定或实施的《事业单位登记管理暂行条例》、《中华人民共和国政府公开条例》和《文化馆服务标准》（GB/T 32939—2016）中都有相关规定，实行法人治理结构改革的公共文化机构其机构章程里也有年报编制或信息公开的条款。

国外的公共文化机构年报一般具有两大特性：一是报告公益性行为，帮助他人了解机构做了什么、为什么做这些；二是报告资金从哪里来、如何使用。对于我国文化馆行业而言，年报工作具有三个层面的意义：一是在外部和宏观层面，是信息公开和依法办馆的必然要求；二是在内部、微观层面，是保存事实数据和提升管理水平的重要手段；三是在内外联接层面，对于维护用户关系，保障公众文化权益具有积极意义。因此，文化馆年报应该体现文化馆服务理念和内容、工作成效和进展，成为推动文化馆服务管理专业化、规范化的工具之一。编制与公开年度报告，是文化馆的法定职责，更是这个行业的基础性、制度性要求。

二、文化馆年报工作典型案例介绍

（一）成都市文化馆年报

成都市文化馆年报的数据和统计分析做得特别出色，详细、全面，很有深度。对于特色鲜明、成效突出的专项工作进展，如"总分馆制建设""文化志愿服务""公共数字文化服务"等还分别做了专题分析报告。

（二）深圳市福田区公共文化体育中心年报

福田区公共文化体育中心年报编制时间早，内容丰富，财务状况公开透明。

财务数据中的中心部门预算报告介绍了部门预算收支总体情况、部门预算支出具体情况、政府采购预算情况、"三公"经费财政拨款预算情况以及机关运行经费等情况，附有详尽表格。数据统计则包括公共文化事业项目统计表、公共体育事业项目统计表、文化志愿服务统计表、剧场演出统计表、对外宣传与交流情况统计表、财务数据等六方面。需要特别提出的是福田区年报还对机构的理想、使命、信念进行了阐述。

（三）江苏省文化馆年报

江苏省文化馆年报时效性强，一般在当年年底就能够编制出来。年报内容也比较丰富，包括服务保障、产品生产、服务开展、社会评价及大事记等主要内容。

（四）北京市石景山区文化馆年报

北京市石景山区文化馆年报介绍了馆内的管理制度、保障条件，涵盖了设施设备、组织保障和评价机制，整体呈现完善。

三、年报编制的原则、内容与方法

（一）编制原则

1. 导向正确。以习近平新时代中国特色社会主义思想为指导，坚定文化自信，展现发展成果，促进服务质量和服务效能。

2. 真实准确。信息来源可靠，表述实事求是，数据完整，分析严谨。

3. 系统完整。覆盖本单位服务、管理和运行各方面的年度进展、成效与变化。

4. 稳定连续。定期编制，起止时间一致，内容结构和指标体系基本稳定。

5. 及时公开。便于公众利用和社会监督。

（二）工作机制

1. 领导机制

由馆长或一名副馆长专门负责本馆的年报工作。

2. 编制队伍

成立稳定的编制队伍，指定由一个专门部门（办公室或事业发展部）或专人牵头年报的实际组织与编制工作。

3. 编制流程

一共分 9 个环节：①拟订计划。在每年 1 至 2 月份拟订上一年度的年报计划或大纲，确定整体框架。②信息收集。明确信息收集的范围、周期和方法。③数据统计。考虑数据的必要性、实用性、有效性以及可获得性，进行多维度分析和比较。④文稿起草。具体要求见后文"表现形式"。⑤内容审校。在完成文稿起草后，牵头部门负责对文字、数据进行再一次的审校，同时对数据的合法性、思想性等进一步把关。后面 4 个环节是图文排版、装帧印刷、存档、发布。

此外，还有以下几个方面需要重点关注：

（1）信息收集的范围

一共有 7 个方面：①服务区域基本信息。包括单位所属区域、服务面积、人口状况等。②管理运行信息。包括组织架构、经费、资产、人员、获表彰奖励情况等。③业务工作信息。包括理论研究、文艺创作，数字资源建设，馆办艺术团队建设管理，民间艺术保护等。④服务信息。包括场馆、设施设备，培训、讲座、展览、演出等活动举办，数字文化服务，流动服务，总分馆制建设，用户信息等。⑤重大突发事件及应对、处理情况。⑥交流合作。包括行业内外的交流合作，也包括社会力量参与和志愿服务。⑦媒体宣传报道。

（2）信息收集的周期

根据信息收集周期，每个馆结合自己的实际情况，可以"年""半年""季""月""周"等不同时间单位收集信息和统计数据。无论采取何种频率，应首尾接续、间隔稳定。

（3）信息收集方法

一共有4个方面：①规范。在确定信息收集内容、周期的基础上，规范文件格式、数据精度。②统计类信息。量化统计类的信息，设置抽样调查数据，可以参考《中国文化文物和旅游统计年鉴》、评估标准以及业务规范等。③抽样调查数据。应明确抽样方法、样本范围、调查时间、被调查者的统计信息。④统筹进行。分别指定部门或人员跟进，与年度工作总结、统计等工作统筹进行，同类信息归口一致。

（4）重点数据

①设施设备。包括馆舍建筑面积、业务用房面积、功能场馆、重要资产、设备器材（如流动舞台车），馆外服务点，资产统计、固定资产原值等。

②队伍建设。包括员工情况、专业技术人员占比、受训人次，志愿者服务队伍（个数、人数），馆办文艺团队个数、演出场次、观众人次，群众/业余团队、老年大学个数等。

③经费情况。包括收入和支出。收入包括财政补贴收入、免费开放资金、中央资金、业务活动经费，上级补助收入、事业收入、经营收入等；支出包括基本支出、项目支出、经营支出等。

④服务效益。包括提供文化服务次数、惠及群众人次，文艺演出、品牌活动、训练班、展览、特殊群众服务次（个）数及参加观众人次，数字文化服务次数、参加人数。

⑤其他。包括理论研讨和讲座次数、参加人次，对业余文化队伍开展培训，文化创意产品情况（种类、网络收入、利润）。

（5）数据分析

对数据进行统计之后还要做分析，分析时要注意多维度和可视化呈现。多维度可以包括总值、均值以及与历史相比的增长率、与其他文化馆的比较等；可视化就是通过表格、柱形图、饼图、折线图等多种形式呈现，使之更加直观生动。

（三）主要内容

一共包括 6 个方面，前五项是必要的，最后一方面为可选项。

1. 基本信息。包括地址、官方网址、通讯方式、组织架构、业务范围、延伸服务、服务方式、开放时间、服务规则等。

2. 年度总结。包括一年间重点业务、主要业绩、总体服务效益的总结性介绍，突出本馆特色鲜明和进展明显的工作。

3. 业务进展。该部分是重点内容，应当通过年报确定的业务指标项目，以统计数据与文字描述相结合的方式，展现并分析年度主要业务工作的进展。

4. 重点工作。包括对当年度的大型活动、重点项目、重要工作或事件进行的专题性记述和总结。长期开展、影响广泛的特色品牌服务，应当做专门的记述和逐年可比的总结。

5. 大事记。可以按时排序，也可以采用分类和时序相结合等方式。

6. 可选项。包括简报摘要、学术研究、合作交流、媒体报道、社会捐赠、获奖情况、满意度测评、文创产品、工作计划等。

每一阶段编制年报的侧重点不同，即使是不同的利益相关者也有不同的视角，比如用户关心的、媒体关注的以及馆长、馆员希望年报呈现的内容都是不一样的。每个馆应以需求为导向，确定本馆在这个年度所要反映的侧重点，此外还要利用年报最基础和最有价值的统计信息，对事业的发展方向做出趋势判断。

（四）表现形式

前面有了素材，就像厨师已经准备好了菜、调料，想要把这些素材烹制成一道可口的年报大餐，就需要通过一些形式载体。主要有以下几个方面的要求：

1.有独立封面，写明机构规范名称、年报标题和年份。

2.图文并茂，易读易用，有条件的文化馆可以通过音频、视频方式编制多媒体年报。

3.行文总体要求：文字严谨朴实，简明流畅；表述准确、清晰，符合逻辑；标题以事命题，科学扼要；图表工整准确，要素齐全；名字术语、标点符号规范、统一，计量单位符合规定。

4.以第三人称书写，不用我市、我馆等第一人称。

5.机构、单位在同一篇章中首次出现时，用全称。为节省篇幅，再次出现的，可用规范的简称（文件、会议、活动等同理）。

6.人名除引文外，应直书其名，不加"同志""先生""女士"之类的称呼。必要时，在姓名之前冠其主要职务。

7.图片应真实和清晰，均须有简练、准确的文字说明，应注明照片的时间、主要内容，对涉及的人物应标出主要人物的位置。

8.表格一般包括标题、表体、说明3个部分。标题须具有地域（单位）、时间、事项3个要素，居中排列。左侧上方表明表的序码，如"表1-2""表2-3"，右侧表明表的计量单位，如"单位：万元""单位：平方米"。说明置于表体的下方，要求简明扼要。表格中所列数字，必须准确无误，并与正文中所记述的相关数字一致。

9.引文以公开发行的出版物为准，应直接引用原著，尽量不转引。如必须转引时，要注明转引自何书、何文，不使用"据记载""据统计"之类的笼统概念。

四、文化馆年报公开

年报编制完成后，有 4 个方面的公开内容需要注意。

一是应在次年的上半年内公开。二是向行政主管部门、理事会等提交，向所在地的公共图书馆、档案馆交存，向社会公众、行业指导机构、合作伙伴及其他利益相关者公布。三是应有电子版和印刷版。电子版可在官方网站和微信公众号发布；印刷版定向发送，也可以公开出版发行。四是年报可以有详版和简版。简版仅包括年报核心内容，篇幅较短。

年报工作想要做得出色，关键是日常的工作做得扎实、漂亮。以上就是我和各位同行交流的内容，请大家批评指正，谢谢！

 **专家点评**

主持人：

感谢毛馆长生动、细致的讲解！接下来，让我们请王全吉老师进行点评分享。

王全吉：

文化馆年报编制与公开，既是一项法定的、全新的工作，也是各级文化馆的一项常规工作。

毛凌文馆长就文化馆年报的背景要求、编制流程、年报内容、年报公开等做了精彩分享，对于各级文化馆年报的编制与公开，具有很强的指导性。

我想继续毛馆长刚才的话题，就文化馆年报编制与公开工作做一些补充，和大家交流。

一、关于文化馆年报编制与公开的意义

编制和发布文化馆年报，有以下几方面意义。

（一）保障公众权利。社会公众是文化馆的服务对象，同时作为纳税人，有权获取文化馆年度服务报告。文化馆有法定义务，通过编制文化馆年报，及时向社会公众报告文化馆的年度服务情况、服务成效等信息，保障公众的知情权、参与权、表达权、监督权，这是法治社会对新时代文化馆提出的必然要求。

（二）提升服务形象。文化馆的社会形象，一方面需要通过优质的文化服务和文化体验让公众留下美好而深刻的印象，另一方面离不开宣传推广。编制并公开文化馆年报，向公众及时发布文化馆年度服务情况，有助于社会各界人士了解文化馆为增进公众的文化福祉、提高公众文化生活的获得感所做的积极而有成效的努力，有助于提升文化馆的知名度和美誉度，扩大文化馆的社会影响力。

（三）接受社会监督。信息公开是推动文化馆事业发展，实现文化馆与社会公众良性互动的重要路径。文化馆年报的编制与公开，将年度公共文化服务情况真实地公之于众，让公众通过阅读年报，系统地了解文化馆年度服务内容、服务项目、取得的服务成效，可以有效地行使监督的权利。

（四）推动效能提升。年报的编制与公开，将年度的文化服务一览无余地展现在公众面前。如果服务效能低下，服务品质不高，自然会引起公众对文化馆服务的质疑和批评。此外，社会公众、新闻媒体进行有效监督，将倒逼文化馆创新服务方式，提升服务效能，为广大公众提供更多更优质的公共文化服务。

（五）开展理论研究。公开发布的文化馆年报，为人们进行文化馆理论研究提供了较为全面的信息和准确的统计数据，既有助于文化馆公共文化服务的个案研究和比较研究，又有助于通过数据处理，整体地把握我国文

化馆的公共文化服务效能，并从各个文化馆的创新探索、服务亮点等方面了解我国文化馆的发展趋势，为文化决策提供参考依据，为今后文化馆发展历史的研究积累有价值的档案史料。

文化馆年报的编制与公开，保障社会公众的知情权，接受社会公众的监督，是法定要求、刚性要求，必须高度重视，认真落实。只有充分认识到年报编制与公开的意义，各级文化馆才会有行动的自觉，才会真正从思想上、行动上重视年报编制与公开工作。

二、关于文化馆年报编制与公开的几个建议

（一）建议在文化馆年报编制中，重视数据统计与分析

年报要用数据说话。数据要求准确、客观地反映文化馆公共文化服务的覆盖面、受益人群，反映文化馆网站的访问量、文化馆新媒体的注册用户数量等，真实反映文化馆年度服务工作，展现文化馆在公共文化服务中的积极作为。年报披露的数据要经得起检验。

同时，要改变以往服务数据的简单罗列，充分重视数据分析。利用大数据分析等手段，对文化馆各类文化服务数据进行提取和分析，呈现一个较为系统、科学的分析成果，让公众对文化馆服务工作进行全面检阅的同时，也为各级文化馆开展精准化文化服务、不断提升文化馆服务效能提供科学依据。

例如成都市文化馆在年报编制中，"统计分析"占据了绝大部分篇幅，内含年度全民艺术普及、"走近艺术"系列讲座、数字化服务、群众文化活动、讲座展览、文化志愿服务、馆办文艺团队、对外文化交流活动、文艺创作成果、主要社会合作等专题，通过数据统计和分析，整体展现成都市文化馆年度工作的全貌。对用户参与成都市文化馆公共文化服务的行为数据进行挖掘，收集、整理用户注册趋势、重点关注内容、下载资源类型、活动参与主体等信息并进行分析，得出"持续的服务内容是平台用户量增

加的重要手段"，"走近艺术"讲座、艺术类培训招生报名、城市文化馆间的交流学习是最受关注的内容等富有价值的结论。年报还就全年度新闻媒体对成都市公共文化服务报道内容、媒体类型、报道倾向进行了统计与分析，为进一步强化与媒体合作交流，拓展公共文化服务宣传推广提供了清晰的路径。优秀的文化馆年报，都应该要做好数据统计和分析，呈现各类文化服务数据分析成果。在数据收集整理与分析方面，成都市文化馆年报做得十分用心，具有样板意义，值得借鉴。

（二）建议省级、地市级文化馆编制区域性文化馆年报

曾经有文化馆的朋友问我，是否认为有必要编制文化馆总分馆制体系的年度服务报告？这是一个好问题。

县级文化馆作为当地县域文化馆总馆，编制总分馆体系下的服务年报，整体反映当地文化馆总分馆年度服务情况，这是值得鼓励且有意义的事情。

建议省级、地市级文化馆编制区域性文化馆年报，以上一年度所在区域的文化馆服务数据为基础，对数据进行抽取、处理和分析，编制和发布全省或全市文化馆服务的年度报告，科学全面地反映全省或全市范围内文化馆全民艺术普及的年度情况。

例如，广州市文化馆从 2018 年初开始，在编制本馆服务年报的同时，已经连续 4 年编制广州全市文化馆服务年报。据我所知，这可能是在全国文化馆行业第一个连续几年编制区域性年报的文化馆，具有引领意义和示范价值。

全省性或全市性的文化馆服务年报可以从几个角度反映文化馆服务数据。

1. 总体情况

编制全省或全市性的文化馆服务年报，收集、整理、分析文化馆各类服务数据，如场馆设施面积、文化活动数量、免费开放服务人次、文化艺术培训人次、辅导群众文化团队数量、文化馆网页访问量、网站注册用户、微信公众号和视频类新媒体粉丝数量、微信公众号和视频类新媒体点击量等，全面、客观地反映全省或全市范围内文化馆公共文化服务年度情况。

全省、全市范围的文化馆服务年报或全民艺术普及年度报告的发布，有利于引起社会关注，扩大文化馆的社会影响力。

2. 年度比较

建议从第二年开始，把文化馆服务数据与前一年或前几年进行对比、分析，如文化场馆设施面积、各类文化活动数量、场馆免费开放服务人次、文化艺术培训人次、网页访问量、网站注册用户、微信公众号和视频类新媒体的粉丝数量、微信公众号和视频类新媒体点击量、文化志愿者数量、参与文化志愿服务人次等，计算同比增长百分比，并深入分析经验或剖析原因。

3. 服务对象分析

通过分析网站注册用户、新媒体粉丝等，编制全省或全市的文化馆服务对象及其年龄分布、性别差异以及用户喜好的文化服务类型等年报，分析不同行政区域的服务群体、文化需求是否有显著的区别。

4. 区域排名

对全省或全市范围内文化馆服务情况进行排名，主要涉及文化场馆设施面积、文化活动场次、免费开放服务人次、文化艺术培训人次、网页访问量、网站注册用户、微信公众号和视频类新媒体粉丝数量、微信公众号和视频类新媒体点击量。

5. 最受公众喜爱的文化服务

根据公众（或细分为不同群体）参与的人次与口碑，编制和发布最受欢迎的群众文化活动排名、最受年轻人喜爱的艺术培训排名、最受欢迎的网络文化活动排名以及最受公众喜爱的文化馆新媒体排名等。第二年编制时，如排名产生明显变化，需进行关注和深入研究。

（三）建议文化馆电子版的服务年报更要重视网民阅读体验

不论是纸质版还是电子版，年报服务都必须重视阅读体验。特别是通过新媒体发布的电子版年报，需配适移动端阅读，设计专门版式，突出可读性和自身风格，生动形象，简明扼要。

如东莞市文化馆通过微信公众号发布的电子版服务年报，阅读界面现代，具有网络阅读特点，以数据说话，图文配以音乐，一目了然又赏心悦目，向公众汇报东莞市文化馆的年度服务情况，体现了文化馆年报在网络呈现方式上的最新探索。

电子版年报主要通过文化馆网站、新媒体进行发布，既节约年报印刷费用，又让公众通过网站、新媒体触手可及，不受时间、空间的制约，随时随地可以便捷地获取。

电子版年报更要重视用户体验，关注用户感受。年报版式要体现移动互联网时代网民的阅读特点，突出可读性，通过数据图表、文字版式、图片编辑、背景音乐等，生动形象地向社会公众展示文化馆良好的服务形象。

每个文化馆服务年报的风格最好有连续性，向公众展示文化馆鲜明的个性和形象。

（四）建议利用文化馆年报进行研究，提高文化馆服务效能

各级文化馆不仅要重视年报的编制与公开，同时要重视年报的研究，重视年度服务的数据分析，提高文化馆公共文化服务的精准化，提高文化馆的服务效率。

要组织人员对文化馆年报数据进行分类提取和对比分析，了解文化馆的服务群体构成，把握新时代公众的文化新需求，以需求为导向，调整文化活动方式、文化服务类型，真正让文化馆成为公众喜爱的文化场馆。要研究和关注文化馆的服务效能，通过对年报中服务效能的数据分析，发现问题，剖析原因，提出对策，提升文化馆的服务品质和服务效能，为下一年度文化馆工作重点和着力方向提供科学的决策依据。

　　编制和发布年报，不仅是各级文化馆落实公共文化服务保障法的实际行动，也是履行社会责任、接受公众监督的有效途径。当前我国文化馆年报制度还处于实践探索阶段，我们已经很欣喜地看到一些优秀的文化馆为全国文化馆系统的年报编制与公开树立了工作的标杆，提供了学习的样板。希望各地文化馆年报编制中，要进一步重视服务数据统计与分析，重视年报内容的规范性与可读性。

　　期待在不久的将来，有更多像毛凌文馆长一样有情怀、有研究的专家、馆长，研究制定出文化馆年报的编制与公开规范，推进我国文化馆年报制度化、规范化发展。

 **互动交流**

主持人：

感谢王老师精彩的补充！接下来我将连线王老师和李立群馆长。

两位专家好！

刚才我们已经分别聆听了毛馆长、王老师对文化馆年报编制和公开工作的研究发现和点评补充。现在邀请两位参与我们的在线讨论。

我想先请问李馆长，前面毛馆长在仔细阅读了你们张家港市文化馆2020年年报之后给出了"速度真快""内容真全""颜值真高""真有才气"的"四真"评价，那么你们是如何做到真快、真全、真高和真有才气的呢？

李立群：

首先感谢毛馆长对我们的年报给予这么高的评价，同时我们也非常庆幸能遇见毛馆这样的知音，她把我们年报的主题立意、内容呈现、框架布局、板块设计，甚至篇章取名的用意、夹页语录的用心全都读懂了，非常感谢！

大家知道，推行文化馆年报制度，是进一步提升文化馆现代公共文化服务效能，加强文化馆事业社会监管，增强人民群众文化获得感的时代要求。用毛馆刚才的话说，年报制度是《中华人民共和国公共文化服务保障法》赋予文化馆的法定职责。

一、年度"必修课"设定最终时限

"速度真快"，是由于年报提前设定了一个最终时限。文化馆年报是面向服务对象公开发布的年度工作绩效报告，是人民群众了解文化馆服务效能的"说明书"，这份年度工作"答卷"交给人民群众考核之前，我们是要先交给文化馆理事会、总分馆理事会的理事们过目、审核的。作为文化馆每年的"必修课"，年报的最后时限就是我们在次年一月份召开的理事会年度会议时间。所以我们在每年12月初就会召开专题会议，由文艺创作部牵头，组建年报编撰小组，组员由各部室副主任以上中层干部组成。根据牵头部门拟订的年报框架和篇章要求，各部室广泛收集素材和有效数据，并按照要求限时提交。编撰小组安排专人进行图文排版和装帧设计，保证在理事会上将样书送到理事们手中。这样，理事们一来可以依照年报上所反映的本年度公共服务工作内容并通过对数据的分类提取和系统、科学的对比分析，为下年度文化馆提升公共文化服务品质和效能建言献策，二来对年报本身提出编撰上存在的问题和修改意见。年报在加以修改完善之后作为馆刊的年度第1期专刊于每年一月份正式印刷发布。所以说，年报成为了文化馆一枝名副其实的"报春花"。

二、人人"随手拍"成就海量素材

"颜值真高"主要是表扬我们年报中的图片清晰丰富。这个得益于我们常年开展高标准的档案管理和对员工的档案意识教育。除了总馆事务部安排专人进行档案专业化采集、管理和版权申报等工作外，馆里的很多规章制度和激励机制都有效提高了员工的档案意识和资料收集意识，养成了"随手拍"的图片采集习惯。比如，馆里明确要求，分馆长助理到基层分馆开展工作时，必须通过我馆的总分馆管理系统手机端实时上传在基层的工作照片，以便为个人绩效考核提供可靠依据。通过制度约束以及绩效考评规范，"两手抓"使员工由"被动"到"主动"，最终养成随时用手机记录自己或同事工作状态的"随手拍"习惯。这看似简单的"随手拍"，为年报丰富的图片素材提供了强有力的保障。

三、编撰"小心思"彰显文化含量

最后我再给大家介绍一下我们的年报在篇章取名，包括夹页语录上花的"小心思"。文化馆年报虽说是文化馆工作的一项新实践，没有标准样式和成熟的体例可以参照，但我认为文化馆年报还是应该有别于其他企事业单位的年报，要体现文化单位的文化特色，让年报具有一定的文化含量以及可读性。我们在编撰 2019 年年报的时候，没有简单地把 6 个篇章按照工作内容"粗暴"地直接表述为艺术生产、群众活动、基层辅导、艺术普及、非遗保护、党建引领，而是用诗意文字"花儿朵朵开""缤纷正摇摆""传粉蜂有意""送芳蝶自来""今朝更逢春""春是新时代"代之。细心的读者突然发现，这 6 个篇章名不仅准确地表达出了文化馆的六项工作职能，篇章名分明就是六行诗句组成了一首美妙的诗篇。这种"画龙点睛"的文字表现，让整个文化馆工作的内容一下子鲜活有趣起来，不仅让读者产生阅读兴趣，同时也让文化馆从业人员（尤其是年轻人）从业自豪感油然而生，生长出"文化的力量"。

在装帧设计上，六个篇章名都是以夹页形式处理，为更好地传达篇章名的含义，每一章都用一段语录进行诠释。夹页语录节选了戴珩馆长《文化馆：努力满足人民对美好生活的新期待》一文中对文化馆工作的注解。例如第一篇章"花儿朵朵开"引用了戴珩馆长所写"文化馆以创作生产优秀作品为中心环节，深入生活、扎根人民，用心用情用功抒写伟大时代，热情讴歌党、讴歌祖国、讴歌人民、讴歌英雄，努力奏响新时代的最强音。获得群星奖的优秀群众文艺作品，时代特色鲜明，内容、形式、手法、风格多样，讲述百姓故事，反映多彩生活，体现了它以精品奉献人民、用明德引领风尚的切实努力和抵达的新高度"，这段话为"花儿朵朵开"——"艺术生产"篇做了最权威和详尽的注解，阐明了以人民为中心的群众文艺创作的根本遵循，彰显了优秀艺术精品培根铸魂、明德引领的作用和意义。

2019 年年报篇章取名和夹页语录的这个创意，得到了理事会理事和广大读者的赞扬和一致肯定。所以 2020 年年报，我们继续在篇章取名和夹页语录上做了文章。

以上我跟大家分享了张家港市文化馆年报编辑在形式和内容上的一些创新，但我也感受到了我们年报在后期应用上的一些短板。

时代在发展，每一年文化馆的工作内容在不断变化。做好年报编撰，同时利用好年报数据积累分析，是不断提升文化馆工作水平的重要抓手。在这方面我们要多向广东省、成都市、深圳福田区、宁波市等馆学习请教，让文化馆年报在充分体现以人民为中心的办馆理念，更好地满足人民群众的需求和期盼的基础上，创造出更新的价值。

主持人：

谢谢李馆长！通过您的讲解，让我们体会到了年报编制工作的专业性、创意性和趣味性所在。

我有一个问题想请教王老师，从高标准来要求，当前文化馆年报编制的质量还有一些需要改进和提高的地方，您认为应该从哪些方面着手，推进文化馆年报编制与公开的制度化、规范化、专业化？

王全吉：

当前各地文化馆编制的年报，质量参差不齐。有的文化馆年报编制质量高，像今天提到的这几家文化馆年报，内容客观翔实，数据分析到位；但也有部分文化馆编制的年报质量还有待于提高。

如何推进文化馆年报编制与公开的规范化、专业化，建议从以下5个方面着力。

（1）组织专家编写文化馆年报编制与公开规范。对年报框架结构、年报内容、写作风格、公开要求等方面做出规范，统一数据统计口径。通过文化馆年报编制与公开的标准化，为各级文化馆的年报编制与公开提供明确的规范与指引，消除文化馆年报编制与公开工作中的认识误区，推进各级文化馆的服务年报制度化、规范化，提高文化馆年报编制与公开的专业化水平。

（2）开展文化馆年报编制专题研究与交流探讨。关注年报编制与公开中存在的问题，探讨背后成因，提出文化馆年报编制与公开的有效方法。在研究的基础上，通过交流探讨，达成共识，形成标准，提高年报编制的专业性，提高服务数据的科学性，客观、准确反映各级文化馆年度服务成效。特别提倡编制统计分析型的文化馆年报。

（3）组织文化馆年报编制与公开专题培训。面向文化馆长、年报编制与公开相关工作人员开展专题培训。首先，要提高对文化馆年报编制重要性的认识，使文化馆长和相关编制人员从落实《中华人民共和国公共文化服务保障法》的高度，重视文化馆年报编制与公开工作；其次，通过专题培训，掌握规范的文化馆年报编制与公开的方法，提高文化馆年报编制水平，扩大文化馆服务年报的社会影响力。

（4）及时总结文化馆年报编制与公开的典型经验，推荐、分享文化馆年报的优秀样本。榜样示范、典型引路，通过学习、借鉴，向优秀文化馆年报看齐，从整体上提升我国文化馆年报的质量。

（5）进行比较研究，学习和借鉴图书馆等公共文化机构年报编制与公开的研究成果和实践经验。图书馆等公共文化机构的年报编制与相关研究走在文化馆前面，在多年的理论研究和实践探索中，积累了一定的研究成果和实践经验。通过比较研究，吸收值得借鉴的年报编制的理论成果与实践经验，推动文化馆年报编制与公开工作再上一个新台阶。

 **主持人结束语**

谢谢王老师！在此也期盼各地文化馆的年报工作不断提升品质，促进文化馆的工作更好地服务于民！

再次感谢两位嘉宾参与我们互动交流！

下一讲，将于 4 月 28 日（周三）下午三点准时播出，我们将围绕"文采会的实践创新及前景展望"这一议题，邀请上海市浦东新区文化艺术指导中心主任王玺昌作为主讲人，文化馆发展研究院副院长、北京师范大学艺术与传媒学院教授杨乘虎作为主评嘉宾，东莞市文化馆馆长黄晓丽作为互动嘉宾，与大家分享交流，敬请期待！

今天的直播到此结束，感谢各位同人、各位网友的观看，我们下期再见！

直播间二维码

第六讲

文采会的实践创新及前景展望

主讲人简介

　　王玺昌，上海市浦东新区文化艺术指导中心主任、书记。全国公共文化发展中心文化馆发展研究院学术委员，上海市浦东新区文学艺术界联合会专职副主席兼秘书长，长三角城市文化馆联盟主席。

主评嘉宾简介

　　杨乘虎，北京师范大学艺术与传媒学院教授、博士生导师。国家文化和旅游公共服务专家委员会秘书长，国家文化和旅游研究基地（北京师范大学国家公共文化发展研究中心）执行主任，全国公共文化发展中心文化馆发展研究院

副院长，全国文化馆标准化技术委员会委员，教育部新世纪优秀人才，全国广播影视"十佳"理论人才。

长期致力于公共文化政策、传媒艺术理论与实务等领域研究，主持多项国家级与省部级重点项目，先后获中国高校人文社会科学优秀成果奖、北京市哲学社会科学优秀成果奖、全国广播影视学术著作奖等。

互动嘉宾简介

黄晓丽，东莞市文化馆党支部书记、馆长，市非物质文化遗产保护中心主任，群众文化研究馆员。国家文化和旅游研究基地（东莞市文化馆）主任，全国公共文化发展中心文化馆发展研究院学术委员，中国女摄影家协会副秘书长。曾获全国"群文之星"、"全国文化系统先进工作者"、"全国文化志愿服务组织工作优秀个人"、"全国巾帼建功标兵"、"'广东省特支计划'青年文化英才"等称号，是粤港澳大湾区（东莞）文采会主要策划人和组织实施者。

主持人开场词

引领文化馆建设，推动高质量发展。

文化馆（站）的各位同人、各位网友，大家好！欢迎收看"文化馆事业发展的思考与讨论（第二季）"。我是主持人李亚男。

今天播出的是本季"讨论"的第六讲，这一讲要探讨的主题是"文采会的实践创新及前景展望"。

为进一步深化供给侧改革，搭建文化和旅游公共服务产品供需对接平台，引导优质社会力量参与公共文化服务，促进公共文化服务的多元化、高质量发展，近年来，在文化和旅游部的大力推动下，"全国公共文化和旅游产品采购大会"即"文采会"的创新服务模式在全国各地蓬勃发展。

自 2017 年上海（浦东）首创"文采会"开始，粤港澳大湾区、长三角、成渝地区、京津冀等区域"文采会"也相继应运而生。随着 2020 年全国公共文化发展中心牵头举办"首届全国云上文采会"，"文采会"已从地方尝试、区域联动，发展成为全国性的一大盛会。

我们邀请到上海市浦东新区文化艺术指导中心王玺昌主任作为主讲人，围绕"文采会"的课题研究与大家进行分享。随后我们将邀请北京师范大学杨乘虎教授作为主评嘉宾，对这一议题做进一步的探讨。最后我们还将邀请东莞市文化馆黄晓丽馆长作为互动嘉宾，与大家展开互动交流。

现在，有请王主任！

 讲稿精粹

今天借这个机会，跟大家分享"文采会的实践创新及前景展望"。我将从四个方面与大家进行分享交流：一是文采会孕生的时代背景，二是文

采会的主要做法，三是文采会的示范意义，四是文采会的前景展望。

一、文采会孕生的时代背景

文采会孕生的时代背景是什么？什么是文采会？文采会在哪里率先产生并在全国复制推广的？大家一定对此很感兴趣。

文采会就是"公共文化服务产品采购大会"，简称"文采会"。

2016年，浦东新区作为文化和旅游部第二批国家公共文化服务体系示范区的创建工作正式圆满结束，浦东步入了后示范区示范效应的展示和创新阶段。2018年初浦东就考虑如何让国家公共文化服务体系示范区的浦东样本找到自己的出路，找到自己的创新点。

深圳的文博会已经成为全国文化博览业的一个盛会。从公共文化的角度审视，当时尚缺一个在全国有影响力的公共文化服务平台性的品牌。结合国家专门提出的供给侧改革的战略性要求，针对经济方面的供给侧改革探索，浦东认为在公共文化服务方面，供给侧改革应该有它的用武之地，这应该是示范区示范效应在延续创新发展道路上的突破口或切入点。

在这样的背景下，浦东对文采会进行了探索，2017年2月，在浦东展览馆举办了第一届"浦东公共文化服务产品采购大会"。首次展览便取得了很好的效果，得到了社会各界、广大媒体和全国各级文化馆的广泛关注，获得了公共文化服务行业专家的充分肯定。浦东及其参与文采会的相关文化机构完成采购后，在对基层广大市民提供公共文化产品服务的过程中，也获得众多好评。大家对文采会的满意程度，更坚定了浦东在2017年11月举办第二届文采会的信心。直至今日，浦东已经先后举办了五届文采会。

继浦东文采会之后，从2018年开始，东莞、成都均先后开始尝试举办本地文采会。成都通过"文化服务超市"的形式进行探索，2020年举办第三届"文化服务超市"以及成渝双城文采会。2018年广东省东莞市举办了东莞文采会；2019年东莞市举办了大湾区文采会；2020年在文化和旅游部全国公共文化发展中心的支持和指导下，东莞市举办了面向全国的"首届全国云上文采会"，进一步放大文采会的品牌效应，在全国范围内产生了较大的影响力。

文采会孕生的时代背景可总结为以下三个方面：

一是构建现代公共文化服务体系的迫切需要。

构建现代公共文化服务体系，需要深化公共文化服务供给侧改革，努力满足广大人民群众对美好生活的新期待。在这样的背景下，文采会恰恰满足了广大基层百姓关于多元多样文化的需要。同时，也成为我们在构建现代公共文化服务体系的过程当中，解决公共文化服务产品的生产和供给体系中的一个重要环节和创新点。

公共文化服务体系涉及制度体系、产品供给体系、设施场馆网络体系、公共文化服务标准体系、公共文化服务人才队伍体系等。

在整个公共文化服务体系建设中，公共文化服务产品的供给是重要环节。在这个体系中，文采会恰恰为产品的供应方和需求方之间搭建起了桥梁。政府在主导文采会活动中实现了供需双方的精准对接和供需双方直接见面，为现代公共文化服务体系的建设提供了鲜活生动的现实样本。

二是深化公共文化供给侧改革的有效路径。

过去公共文化服务的供给，基本上是采取对生产方发出产品征询的招标程序，通过招投标方式来解决产品的供给服务。但它存在一个问题，其问题在于这种部门式的、点对点的供给方式是一个相对封闭的、单一的、部门化的组织行为。而文采会就是让供需双方直接见面，让大家在更加多元开放的一个平台上讨论供给的需求和要求以及今后的发展方向。所以文采会实现了供给侧由过去的单一封闭的、点对点的供给方式向开放式的、双方见面的、体验互动的、直接促进生产和供给的方式转变。这样一个新的平台，对于供给侧改革做了一项探索性的实践，取得了可喜的成绩。

三是满足广大人民群众对美好生活新期待的创新探索。

新时代，广大人民群众不仅仅满足过去单一供给的渠道，他们想通过多种渠道、多种方式、多种路径、多个维度、多种形态的文化艺术产品，来满足个性化的需要。

在这样的背景下，需要借用文采会的平台，让更多的生产方、创作方、供给方和服务商齐聚新平台，为大家提供更加丰富多彩的公共文化服务产品。只有这样才能满足广大人民群众多元、多样、多变的文化产品需求。

二、文采会的主要做法

目前，长三角、大湾区、京津冀、成渝地区已对文采会有了初步实践，并得到了文化和旅游部的认可和推广。文采会的主要做法总结下来有以下五点：

（一）对接供需，注重精准定制

供需双方见面才能搭建平台，搭建平台的目的是实现精准供给。过去我们在公共服务中供给很多，但无效的供给也很多。只有精准供给、点对点供给、特色化供给，甚至是个性化定制供给，才能够满足大众的需要。文采会在对接供需上可以发挥自己独特的优势，通过线上线下的广泛征集和广泛多样的媒体宣传，让更多的社会机构、供给双方参与其中。因此第一届浦东文采会举办时，通知一经发出，在不到两个月的时间内，有500多个机构报名参加。2020年的全国文采会规模更加庞大，全国各级文化馆，各省、市、县文化馆都发布了需求，推送了产品供给，形成了全国范围内的一个大资源库，在文采会的大背景、大平台上实现全国供需双方的对接。

（二）拓展合作，注重平台搭建

文采会不仅解决了公共服务产品的供给，它更是一个发布、交流、工作推进的平台，在这个平台中有多种需求，也有多方机构愿意借助此平台来实现工作落地，包括业务的拓展。

浦东新区文化艺术指导中心也在这几届文采会中不断拓展需求，比如：在文采会上，我们成立了公共文化产品服务联盟，发布了《浦东公共文化服务标准》《浦东公共文化产品创作生产扶持办法》，对如何做好公共文化服务开展理论研讨；2020 年的长三角文采会，还专门对公共文化服务颁发了特别贡献奖，建立了长三角公共文化服务协作机制，聘请一批国内外，特别是长三角公共文化服务的专家参与其中，可以就近就便对浦东的公共文化提供优质高效的服务。成渝双城文采会借助此平台推动双城文化的有效融合，在文采会上开展一系列活动，得到了文化和旅游部、各省区市文化和旅游部门的高度重视。大湾区文采会专门成立了大湾区文化馆联盟，浦东在第四届文采会中也成立了长三角城市文化馆联盟。新的机构、新的机制、新的资源整合，都是借助文采会平台实现的。

（三）文旅融合，注重多元互动

文化部门和旅游部门整合以后，服务对象进一步扩大，服务的内容和服务的方式也更加多元，浦东文采会自第三届开始将旅游服务产品纳入此平台，实现资源的进一步放大。东莞文采会、成渝文采会、浦东文采会都设置了不同的展区来吸引参会者，由上海市文化和旅游局、上海市长宁区政府举办的上海市暨长三角文采会上诞生了全国首个示范区创建城市的协作机制。

在这样的背景下，文化和旅游部门的参与加快了文旅事业和产业的融合，也使过去传统的公益性文化服务，实现了向旅游、科技、体育等事业的延伸和融合。在此平台上，不同产品、不同领域实现多元互动、有效融合。

在文采会的招展、布展和供需资源整合的过程中，多个文采会专门设立了文艺演出、图书阅览、艺术培训、展览展示、非遗传承、文化装备、创意策划、文创展区和旅游服务等门类，这些门类恰恰是文采会提供服务的平台，也是实现文旅资源融合的新途径。

（四）云上文采，注重长效机制

东莞文采会变成全国云上的文采会，云上文采会更扩大了采购形式和采购内容，实现了一个跨越式的发展。

云上文采会不仅在文采会期间实现了资源的整合，更在文采会结束后，在网上形成一个公共文化产品资源库、产品供给池，这个产品供给池可以实现公共文化产品的长效点单、长效供给和长效评价，真正实现永不落幕的文采会。

（五）政府主导，注重政策保障

文采会都是以政府为主导，以公益性为主，这几年也开始探索市场化、社会化的机制，让更多的社会机构参与进来。政府作为公共文化的主体责任部门，对文采会在资金、资源、管理以及重点产品的扶持上，都要发挥其主导性作用。

2020年文化和旅游部全国公共文化发展中心的直接介入，将政府参与指导甚至主导公共文化服务体系建设、参与公共文化服务产品的供给推向了一个高峰，也将文采会的整体运营和举办经验进行了完善固化，政府在这里起到了一个梳理和提升的作用。

三、文采会的示范意义

文采会的示范意义可从四个方面理解。

（一）开启了公共文化服务产品社会化供给的新路径

过去在传统体制内都是靠招投标的方式来实行点对点的供给，文采会的举办，可以让国内外的、有效的、优质的、多样的、多民族的公共文化服务产品汇聚在文采会的平台上。每年度优质的公共文化产品可以在文采会上进行展演展示，让社会化活力得到释放，让社会化资源得到整合积聚，它开启了公共文化服务产品社会化供给的一个新路径。

（二）开启了公共文化服务制度性创新的示范引领

文采会的一个重要成果和作用就是开启了公共文化服务制度性创新的示范引领。公共文化服务之前都是以地方性、区域性为主，现在上升到服务体系的建设，也就是制度性的创新，即由过去点对点的招投标方式，变成了供给模式、文采会模式、市场化模式，属于制度性的创新。

（三）开启了公共文化产品供给平台化服务的先河

文采会是文化产品整合集聚、年度文艺创作成果展演展示、文化服务经验创新交流的一个大平台。文采会平台化的优势和作用非常明显，它开启了公共文化产品供给平台服务的先河，此平台可以发布各种制度政策，也可进行经验交流。

（四）开启了公共文化服务融合发展的新征程

文采会是一个社会化的、市场化的、多元化的积聚平台，将公共文化各方面服务和需求整合在一起后，推动了融合发展新的征程。所以，文采会是制度创新的成果，是社会化供给的一个重大探索，也是公共文化服务融合发展的产物。它将文化、体育、科技、旅游等各类的产品进行有效的积聚，通过相互融合来提升和完善公共文化服务的质量，提高公共文化服务的产品增量。

四、文采会的前景展望

文采会从浦东发端，到东莞，再到成都，已走过了五年的发展历程。2021年是建党100周年和"十四五"规划的起步之年，文采会也迎来第六个年头。如何利用文采会推动公共文化事业的发展，推动加快构建现代公共文化服务体系建设和广大人民群众高质量的文化生活和艺术普及，这些都是文采会未来发展的方向。文采会未来的发展趋势，可总结为以下四个方面：

（一）作为公共文化服务的制度性创新成果正在不断地复制推广

目前文采会已在四个地区举办过，据我了解，很多地区都在举办不同形式的文采会，不断地拓宽公共文化采购的渠道。现在文采会的经验、方式得到不断优化、完善和固化后，正在加快复制和推广。

（二）文采会正在成为推动文旅体科融合发展和协同创新的催化剂

过去文化、旅游、体育、科技分别是独立的行业、独立的部门，文采会将这些资源和产品积聚在一起，经过相互借鉴、相互交流，这四个行业做到了相互融合、资源共享、平台共搭、成果共享、活动共办，也点燃了文化科技创新、文化装备创新、服务体制创新、旅游体育相互融合等。未来的公共文化产品将会极大的丰富，如同雨后春笋般涌现出来，广大人民群众可享受的公共文化服务产品种类也会越来越多。

（三）文采会正在呈现出国家发展战略指引下以都市圈为核心的区域化发展态势

文采会出现区域化的发展态势与公共文化服务的特点和规律密不可分。公共文化产品采购注重时效性与成本。同一城市圈内，文化产品能够有效到达且成本最低，也容易在文化上实现融通；交通的便捷也推动了区域化发展步伐。文采会正在呈现出以都市圈为核心的区域化发展态势。

（四）文采会正在成为公共文化事业发展的晴雨表

文采会虽发端于一个区域，但影响辐射全国。文采会平台使文体旅科各大行业积聚在一起，成为年度文化事业发展的一个盛会，年度性的成果、政策、经验、需求和对未来发展的预测，在文采会上碰撞和交流。文采会犹如公共文化事业发展的晴雨表，正在向我们展示着公共文化服务的进行时。

公共文化服务产品采购大会已经走过了六年的发展历程，展现了文化馆人不断探索前行的姿态和身影，也体现了我国政府对公共文化服务的高度重视。我相信有政府的支持，有文化人的创新和实践，有人民群众对美好生活的强烈渴望和期待，文采会一定会在原来的基础上不断优化、完善和提升，向我们展示强大的事业发展的生命力，一定会在公共文化服务体系建设、推动文旅融合、参与国家综合治理方面发挥越来越重要的作用，成为公共文化服务不可或缺的重要组成部分。

 **专家点评**

主持人：

感谢王主任的精彩分享对"文采会"的创新发展历程和未来发展趋势做了非常清晰、全面而深刻的讲解。接下来，有请杨乘虎教授进行点评！

杨乘虎：

刚才王玺昌主任分享的话题，是 2020 年全国公共文化领域的一件大事，打造了公共文化服务体系建设的新景观。

受新冠肺炎疫情的影响，2020 年的云上文采会是公共文化领域深化供给侧改革、推动文旅公共服务高质量发展的一项新举措。作为推动国家文化和旅游公共服务的资源共享、平台共建、活动共办的一项重要活动，云上文采会为推进公共文化服务，解决供需错位、服务简单粗放等现实问题，提出了新对策，有利于我们更好地提升公共文化服务效能。

根据统计数据，2020 年首届全国云上文采会得到了大家的关注，产生了流量，自 8 月 27 日开幕至 11 月 3 日，有近 9000 家机构参展，2 万多条资源上线，访问总量更是达到 700 多万次。此次云上文采会创新了公共文化服务模式和样态，引起了全国的连锁互动和多地共同参与。全国性文采会、粤港澳大湾区文采会、长三角文采会、成渝文采会、京津冀文采会……形成了此起彼伏、遥相呼应的景观和效应，引发了行业内部广泛的参与和社会各界极大的关注。

一、对于文采会的三点感受

综合来看，文采会产生的时代背景以及它突出的创新亮点，除了刚才王玺昌主任提到的，还有以下几点。

（一）文采会推动线上线下融合发力

线上线下融合发力是文采会最大的亮点和特色。云上文采会是公共文化服务的主动作为，服务于群众的精神文化需求，体现出了便利性和对象化的鲜明特点。我们看到各个地区的文采会普遍采用线上和线下相结合的方式举办，打破了空间地域限制，对于展示形式的优化具有重要的探索性意义。

比如说长三角文采会，它的供给平台与大世界演艺资源交易平台进行合作，扩大了主体的供给规模以及采购方的选择范围。

京津冀文采会采取另一种方式，将公共文化服务的相关模块在国家公共文化云上的汇文采平台发布，进行集中展示。

西部地区的成渝文采会更多依托于原来已有的品牌——"成都市公共文化服务超市"来开展相关的展览和互动活动。

这三地的文采会地域性鲜明，实现了行业沟通，打破了时间和空间上的壁垒，形成了区域的联动和线上线下资源的互动，造就了一种新的融合发展动能。

（二）文采会实现供需双方精准对接

当前，公共文化服务效能问题症结在于供给的粗放，忽视了对象化和精准化。文采会实现了供需双方的精准对接，各地文采会纷纷鼓励供应商、服务商通过项目、产品来实现对接，推出项目推介、展演展示，引导线上线下的需求方面对面沟通。

比如，成渝文采会发布了四川省文化和旅游公共服务的采购清单和采购指南，公布了政府向社会力量购买公共文化服务的项目流程，指导更多的市场主体来参与政府的项目购买。

长三角文采会由市民投票，专家遴选出 75 家提供公共文化服务的院团、企业和机构，通过展演、导赏、直播等各种形式来展示自己的特色。

大湾区通过非遗、文创等更具市场融通力的特色产品，吸引了参展企业，调动了市民广泛参与，日常的培育和文采会期间仪式性的景观效应形成密切的互动。东莞市文化馆在文化馆外举行"非遗墟市"，吸引了大湾区等多省区市多地域的非遗传承人和非遗文创产品的汇聚，形成市民对公共文化中非遗消费和非遗文创的认知，实现了双赢。

（三）文采会推进区域合作和跨界协同

京津冀公共文化和旅游产品推介会利用智能化的推介矩阵，打造了一个覆盖京津冀三地的、创新性的文化和旅游产品的服务展示推介平台，积极推动京津冀在文化旅游方面的交流与合作。

成渝文采会举办了川渝、成德眉资同城化发展座谈会，它和成渝双城的经济圈构成了新的互动。成渝双城经济圈优质产品的推介会和同城化发展座谈会，分别为成渝两地的文旅公共服务的创新经验和优质服务提供了交流和展示的平台。

东莞作为粤港澳大湾区重点的节展城市，起步早、创意新，为丰富大湾区的文化和旅游产品供给，加强大湾区文化和旅游、科技、教育、体育等方面的交流合作以及全国性交流展示性活动提供了区域平台。

上海的区域合作和跨界协同从省级院团拓展到地方院团，长三角范围之内的文创龙头企业、各类文化场所、运营场所机构和旅游服务平台等多方共同参与，实现了让更多的优秀产品和服务能走向长三角。

以上是我个人作为文采会的参与者和观察者的感受。关于文采会下一步发展的前景展望，我认为常态化的线上服务将成为发展的焦点。作为新兴的公共文化供给侧改革的范例，云上文采会虽然已初步实现线上和线下的融合，覆盖地区从区域辐射到全国，有效地引导了社会力量参与公共文化服务，让我们看到了其未来巨大的发展潜力，但是也必须看到，作为一种新形式，文采会想要在网络环境和网络平台上达成真正的线下线上互动、互赢、共建、共享，还需要一整套的机制性探索和对实践成果的固化以及创新经验的推广。

二、对文采会的四点建议

（一）产品从哪里来？

要建立数字化的、优质的公共文化旅游产品的资源总库，在这层面上，国家平台应该扮演更重要的引领角色。在 2020 年与文采会同时进行的还有国家公共文化云的升级改造。其中"赶大集"模块彰显了国家公共文化云作为一站式服务平台的引领示范和聚合作用。如果说文采会有相当多的功能是面向行业、专业机构和专业消费者的，那么国家公共文化云已有的数字化平台更多是面向普通用户的，文采会也要做到不仅服务于行业，还要服务好广大人民群众。

（二）特色从哪里来？

2021 年多地和全国性的文采会，都出现了鲜明的区域板块、区域的文化产品，实际流量效果显示出，带有突出地域特色的文化内容和服务项目，更容易受参展商的青睐，也更容易受到群众的喜爱。

未来，各地应该将国家公共文化服务体系示范区、中国民间文化艺术之乡、即将开始创建的民族与民俗文化旅游示范区、公共文化服务功能融合的试点工作紧密结合起来，打造特色的产品和项目。

（三）服务从哪里来？

作为网络化的公共服务平台，文采会的交易功能、交易服务是非要重要的。各个地方在推进文采会时，需要充分考虑如何利用互联网、新媒体和大数据技术，全方位、立体化地发布产品信息，实时跟踪产品的浏览、传播、点单数据，最终形成动态反馈，为线上直播、意向签约、按需定制和产品交易等便捷化的网络电商服务。

便捷化的展会服务功能是未来文采会从展示走向服务的一个转型关键点，通过一站式服务的解决方案，可以让展览服务、在线服务在未来更加常态化。

（四）口碑从哪里来？

文采会要加大宣传力度，建立新媒体宣传矩阵，让广大人民群众和各个层级、不同地域的人群了解文采会、知晓文采会。例如可以利用学习强国、人民网、央视频、抖音等新媒体平台，发挥互联网的移动优势、服务优势和精准推送的优势，尤其是定向地为参展企业和机构打造活动、商品和项目的全网推介。

近年来，在互联网上我们看到了很多路演和直播带货。公共文化服务和文采会如何实现直播常态化？不仅仅是惠民演出的直播，还应包括文采会期间的直播课、企业产品直播推介以及签约直播、带货直播等。通过这些直播可以推出艺术学堂、公益扶贫、乡村振兴等一系列的主题活动，这些活动本身就具备流量，也是老百姓关注的热门话题。

三、文采会未来发展面临的挑战

（一）做好已有数字服务平台与文采会服务平台的对接

地方文采会所建设的数字化平台应该和全国文采会平台之间做好对接，实现朵朵云变成彩云，避免割裂的数字孤岛。将常态化的已有平台服务，变成一体化、一站式的服务内容和平台打造。

（二）处理好区域文采会和全国文采会的互动关系

2021年，线下文采会将成为大家关注的一个焦点。在这样一个时间点上，全国各地可以针对本地的需要开展多种形式的文采会活动，地方活动应有主题、有序列。与线上数字平台相连接，可以形成区域联动的文采会，区域和区域之间可以形成有步骤、有章节、有主题、有侧重的文采会区域联盟。

　　文采会引出的话题和内容是非常广泛的，也是极具创新性的。正如王玺昌主任所言，文采会离不开长效机制的建立。如何实现在线支付、在线交易？如何在现有政府采购管理机制下，吸引社会化企业参与，实现精准供需对接，形成长效机制的保障？这些是需要关注的问题。文采会还需要向全国其他行业领域内的博览会、大型交易活动学习借鉴，吸取借鉴电商平台重要节庆活动的交易经验。

 **互动交流**

主持人：

　　感谢杨教授的精彩点评！接下来，我将邀请杨教授和黄晓丽馆长一起与大家在线互动。

　　杨教授好！黄馆长好！欢迎两位嘉宾来到直播间参与在线讨论。刚才我们分别聆听了王主任和杨教授对"文采会实践创新及前景展望"的研究分享和点评，现在我想就文化馆同人关注的一些问题，请两位嘉宾为大家进行解答。

　　前面王主任在分享中多次举例东莞市文化馆举办文采会的实践经验。2018 年东莞开创了广东首个地方性文采会，打造了成功的东莞实践和范例；2019 年东莞又将文采会辐射到粤港澳大湾区，形成了覆盖面更广、影响力更大的区域性平台；2020 年首届全国云上文采会的展示交流活动，也在东莞圆满举办。我想先请问黄馆长，在您看来，政府文化主管部门或公共文化服务机构要如何利用文采会平台提升公共文化服务供给质量呢？

黄晓丽：

　　从 2018 年起，东莞先后举办参与过四次文采会，范围从东莞市，到粤港澳大湾区，再到承接全国文采会，线上线下的各种形式都尝试过，在这个过程中我们尝到文采会带来的甜头，跟大家分享一下。

一、采购优质服务，多元供应商可供选择

文采会是推动公共文化和旅游产品供给侧改革的探索，其主要作用其实是为政府机构搭建一个可以集中选购优质社会力量生产提供的公共文化产品服务的"大超市"。东莞文采会就是为我们当地各级政府采购服务提供便捷，解决过去单一采购商、单一产品的问题。如2019粤港澳大湾区文采会中有342家文化、旅游、体育等企事业单位近4000多个产品在现场亮相，当时共签订意向合作299件，意向合作金额近8000万元。第二年调研意向合作落实情况时，我们发现有90%以上都实现了真正的合作。

二、加强交流互动，促进社会力量参与公共文化服务良好业态的形成

文采会实质上是一个公共文化服务供给侧的供需对接平台，线下文采会更是为供需双方提供面对面交流的机会，这个交流过程能让社会供给方更加直接地了解公共文化服务需求和标准，从而促进其策划生产更好的公共文化服务产品，逐渐孵化培育良好的公共文化服务市场业态。如东莞文采会，在举办前期会提前征集各镇（街道）和公共文化服务机构当年的需求，在招募参展商的同时会发布相关需求信息，在展会现场也会搭建专门的洽谈空间，供供需双方交流对接。经过多年的坚持，我们挖掘凝聚起一群活跃的公共文化服务社会供给者，并乘势而上，成立东莞市公共文化服务社会组织孵化中心，从文采会中挑选有意愿有热情的社会力量进行进一步培训，东莞社会力量参与公共文化服务氛围越来越浓厚。

三、掌握发展趋势，吸收新颖服务形式为我所用

文采会是信息交互的展会，不仅只是社会力量获取公共文化服务需求，政府机构部门在选购产品的过程中，也能从中获取到当前社会最新服务内容和趋势信息。我们得承认，在市场中爬摸滚打的企业对人民群众需求的敏感度更高。在文采会，可能你不一定能采购到产品，但是你一定能获取到许多有价值的信息。正如我们参加文化馆年会吸取借鉴同行的优秀经验、做法一样，文采会是我们向市场取经的一个绝好的平台。我们可以以更加开放包容和学习进取的态度来认识文采会的作用，并充分利用文采会提升公共文化服务供给质量。

文采会是政府机构、社会力量、广大百姓实现多方共赢的开放平台，要长期推行下去。

主持人：

谢谢黄馆长的精彩回答！我也想请教杨教授，您长期致力于公共文化服务供给侧改革方面的研究，您认为，文采会应如何推动公共文化服务侧模式创新？

杨乘虎：

刚才我们先后聆听了王主任还有东莞的黄馆长关于文采会的实践探索的介绍和对未来的展望。2020年文采会引入的思考、调动的热情以及对于未来的展望，触及了文化领域内的一项重点改革任务，就是如何推动公共文化服务的供给侧改革，尤其是利用数字文化技术平台以及先进服务理念来满足老百姓的文化需要。

2020年文采会给我们留下了深刻鲜明的印象，也积累了丰富的成果。刚才黄馆提到了更优质的供给，这确确实实是政府主管部门和行业机构共同关心的重大命题，我想从另外一个方面与这个问题相呼应。主持人刚才

提到的服务侧的这种模式创新和供给侧的改革是一体两面的，是一个链条上的两个重要的环节。

服务侧的模式创新可从三个方面让我们对于文采会下一步如何办好、如何更好地发挥经验和成果优势做出思考。

一、了解需求，精准定位

需求侧的模式创新中服务和需求怎么对接？首先，一个核心问题是要了解需求在哪里。过去可能会出现供大于求或供不应求的状况，甚至还可能出现供需错配的问题，其原因主要还是在于对需求的了解程度、精准度存在着一定的短板。

过去文化馆对广大人民群众的文化需求缺乏精准把握。互联网时代，越来越多的人在互联网终端进行网络消费，所有在文采会上出现的产品，其实都应该在不同的程度上契合老百姓的需要。

如何对这些需求进行更加精准的定位？我认为文采会需要建立一种需求征询制度，在技术性研发投入的基础上，利用大数据来汇聚老百姓的需要，根据需求形成我们的产品、服务，进而打造文采会的品牌和特色。

二、满足需求，面向行业和百姓

我认为目前文采会较好地完成了面向行业的这部分功能，政府能够更好地满足文化机构的需求，把过去的政策扶持、资金扶持改变为现在的建平台、创空间，这是服务侧的模式创新，是满足行业发展需要的重要举措。

另外，现在文采会在面向老百姓的消费端，还有技术屏障需要突破。文采会既要服务行业，同时也应该服务百姓，让百姓有赶文化大集的获得感。行业的获得感和老百姓的获得感，在文采会上应该都有各自的渠道和窗口，面向行业和面向百姓不能偏废，应该都是服务模式创新的重要内涵。

三、创造需求，引领公共文化服务高质量发展

目前文采会是阶段性的，有点像逢年过节赶大集，这种阶段性的网络集市需要与常态化的文采会相结合，尝试打造 365 天 24 小时永不落幕的文采会。如果能够形成这样的常态，确实能够使文采会时时在线、时时走心、时时满足老百姓的需要。

在了解老百姓需要的基础之上，创造性地为他们服务，引领性地带动他们去参与文化活动，文采会的这一功能如果得以建设和完成，它就可以更好地夯实公共文化服务体系建设的基础，也是实现公共文化高质量发展的重要体现。我认为了解需求、满足需求、创造需求，是文采会这一创新性举措在全国各地实践产生的思考成果，也是我国公共文化服务体系所有的管理者、从业者能够更好地服务百姓，以人民为中心的一个重要的职能体现。

文采会过往的成就和闪亮做法，确实令人印象深刻，但是我们也必须要冷静地分析在文采会持续性发展过程中面对的挑战，也就是我们与市场化的平台，与充满活力的电商消费平台相比，如何让我们的服务更鲜活，让我们的服务更灵活，让我们的服务更好地为老百姓创造幸福。我认为依然需要全国同行上下齐心、共同努力去迎接这样的一个使命与挑战。希望大家对文采会有更多关注，更多思考，更多助力！

主持人：

谢谢杨教授精辟的见解。您提到的三个关于需求侧管理的好建议，我相信对各地下一步推动文采会也会有非常好的启示和思考。再次感谢两位嘉宾参与我们的互动交流！

借用王主任分享中所说的"公共文化服务创新永远在路上"，我们也期盼，在公共文化服务高质量发展的背景下，全国性及区域性的文采会能够不断总结经验做法，努力创新实践，共同推动公共文化服务的供给和需

求更好地对接、供给侧改革迈上更高台阶，更好地满足广大人民群众对美好生活的新期待！

再次感谢两位嘉宾参与我们的互动交流。再会！

 主持人结束语

因为"五一"假期安排，下一讲"思考与讨论"将调整到5月6日（周四）下午三点播出，我们将邀请成都市文化馆调研宣传工作部主任赵靓靓作为主讲人，华东师范大学信息管理系教授、文化馆发展研究院学术委员金武刚作为主评嘉宾，全国公共文化发展中心文化馆处处长、中国文化馆协会秘书长、文化馆发展研究院常务副院长赵保颖作为互动嘉宾，与大家分享交流"从阵地服务到平台构建——关于区域性中心文化馆功能转型升级的思考"。

今天的直播就到这里，感谢各位同人、各位网友的观看，我们下期再见！

直播间二维码

| 第七讲

从阵地服务到平台构建
——关于区域性中心文化馆功能转型升级的思考

主讲人简介

赵靓靓，成都市文化馆调研宣传工作部主任，成都市文广旅首批公共服务师资库师资人选，行业研究内刊《成都群众文化》执行主编、文学内刊《成都故事》编委会委员。

主评嘉宾简介

金武刚，华东师范大学信息管理系教授。兼任国家文化和旅游公共服务专家委员会委员、全国公共文化发展中心文化馆发展研究院学术委员、全国文化馆标准化技术委员会委员等。

主要从事公共文化服务、文化馆全

民艺术普及、图书馆法治与管理等方面研究。出版有《公共文化政策法规解读》《贫困地区公共阅读研究》等著作。曾获得文化部创新奖、上海市哲学社会科学优秀成果奖。

互动嘉宾简介

　　赵保颖，文化和旅游部全国公共文化发展中心文化馆处处长，中国文化馆协会秘书长，全国公共文化发展中心文化馆发展研究院常务副院长，全国文化馆标准化技术委员会秘书长。长期从事群众文化、公共数字文化以及社会组织管理等相关领域研究与实践工作，参与公共文化领域重大课题研究和行业调研项目 10 项，发表学术论文 20 余篇。

主持人开场词

引领文化馆建设，推动高质量发展。

文化馆（站）的各位同人、各位网友，大家好！

欢迎收看"文化馆事业发展的思考与讨论（第二季）"的第七讲。我是本季讨论的主持人李亚男。

今天这一讲要探讨的主题是"从阵地服务到平台构建——关于区域性中心文化馆功能转型升级的思考"。

区域性中心文化馆是连接省级和县级文化馆、协调区域间文化馆的重要桥梁与纽带，在构建现代公共文化服务体系和高质量发展中发挥着辐射带动的核心作用，承担着改革创新的先锋角色。近年来，越来越多的中心文化馆在新发展理念指导下，转变思路，勇于开拓，通过体制机制创新和精准发力，从传统功能定位中谋求突破，迈向平台化转型；锐意探索，努力推动公共文化服务均衡化、品质化、开放性、融合性发展，打造出了特色鲜明的示范引领模式。

今天我们请到的几位嘉宾，将从多层视角出发，围绕该主题展开充分的交流。

首先，我们邀请成都市文化馆调研宣传工作部的赵靓靓主任带来"文化馆平台化构建"的相关研究；接着将邀请华东师范大学金武刚教授对赵主任的分享进行点评和拓展；最后互动环节，邀请中国文化馆协会赵保颖秘书长与赵主任、金教授一起进入互动讨论。

各位同人、网友可以在播出界面互动区里参与留言提问，我将从中选取一些问题，请嘉宾一一解答。

下面，有请赵靓靓主任讲解！

 讲稿精粹

尊敬的各位领导、专家、同人，下午好！非常荣幸和大家交流在必然迎接的平台化趋势下，关于区域性中心文化馆功能转型升级的思考。交流的内容主要包括三方面：问题是什么？方向在哪里？路径怎么走？也就是为什么要平台化、什么是平台化、如何转型功能以应对。

一、问题症结：单一供给

不少同人应该都有过这样的经历：节假日里，热火朝天地加完班去见朋友，却遇到朋友们的集体疑惑：文化馆究竟是做什么的？

一边是火热的加班场景，另一边是公众的不知道、零了解，形成了鲜明的对比。

（一）表：社会声量不足

尽管近年来文化馆发展取得了显著的成绩，但社会声量不足依然是今日文化馆无法回避的问题。我们选取了几个活跃用户数极高的平台，从话题量、搜索指数等方面，横向观察文化馆与图书馆、博物馆、美术馆等其他公共文化服务机构的情况，结果发现文化馆差距明显：如微博话题量文化馆是 9.1 万，其他机构是千万级；抖音话题量文化馆为 200 多万，图博美是亿级；百度搜索指数文化馆还暂未收录词条。

（二）里：供需脱节

我们的产品和服务没有进入大众群体的视野，供需脱节，从自省的角度，当然和我们用惯性思维、传统产品、固有方式应对多元化、品质化、创新性的文化需求有关。

（三）根：单一供给

更根本的症结是单一的供给模式。一方面，相比其他公共文化服务机

构，文化馆的业务综合，运作复杂，更依赖人而不是图书、作品、文物等物质提供服务，也更依赖创新以保持文化活动的活力和热度，这本来就对文化馆的公共服务供给能力有着极高的要求。另一方面，文化馆仍在采用单一供给模式，依靠单一的财政投入、单薄的自我力量、单调的生产供给链条去应对不断增长的文化需要。显然单一供给模式具有先天的有限性和局限性，在这一模式下，面对无限发展的文化需求，我们基本不可能通过更加努力、加大投入肩负起全民艺术普及、引领文化风尚等新时代使命。面对"公共文化供给的有限性"与"社会文化需求的发展力"之间的突出矛盾，我们迫切需要的是供给模式的创新。

二、方向探索：平台构建

（一）商业启发

供给侧的难题并非只有我们遭遇。在商业领域，面对消费需求多元、产品更迭加速、竞争更激烈的市场，为了整合资源、加快创新，大多数企业主动选择了平台化转型。

时至今日，社交媒体平台、购物平台、打车平台、外卖平台、民宿平台……已经融入了我们的日常生活，成为值得我们关注的现象。根据权威数据的统计，全世界百强的企业中，有70%的企业超过一半的利润是来自平台。很多领域的传统企业都因平台化转型适应了新的市场。不可逆的平台化趋势可见一斑。

平台的类别有很多。比如以阿里巴巴、京东为代表的电子商务平台，以滴滴、转转为代表的共享经济平台，以及小米创建的发烧友粉丝论坛等。其类别不同，但他们面对资源时有着共同的理念：不求为我所有，但求为我所用。他们都把外部的人力、资本、技术、用户等资源吸引到了自己的平台中，通过数字技术和组织模式让他们有机运转，发挥价值。

因此，平台绝对不能仅被看作是一种技术结构。它更多地是指利用信息技术低成本地链接多个资源方和需求方，与多方一起进行价值共创的发展理念和组织模式。

（二）行业案例

那么，文化馆有没有可能平台化发展？

从商业案例中我们可以理解到，信息技术为不同主体间的链接提供了技术保障，但是价值共创才是形成平台的内驱动力。一定是彼此间价值诉求的契合，才促成多个主体进入同一个平台，成为合作共赢的伙伴。我们尝试从平台化发展的视角，回顾一些文化馆实践工作中具有破圈效应的案例，去分析文化馆可以提供哪些有价值的资源？能够与哪些主体，达成什么样的合作关系？有一点需要说明的是，对于这样的合作关系，我们关注的是基于资源整合、价值共创的独立的主体之间的关系，并不包含通过购买服务形成的合作关系。

案例一：成都文化四季风·劲舞暖冬

案例一是成都市的群文品牌"成都文化四季风·劲舞暖冬"。这个品牌纳入了成都市政府民生工程的品牌群众文化活动，在春、夏、秋、冬四季都有不同艺术门类的活动。其中，冬季开展的"劲舞暖冬"是广场舞类的比赛，采取自基层而上、层层选拔的方式开展，覆盖全市22个区（市）县。

"劲舞暖冬"从2011年开始启动，2012年四川电视台主动与成都市文化馆联合实施。其中成都市文化馆主要负责项目的策划，在全市组织比赛，邀请专家担当评委确保比赛公平公正，并由各个区（市）县馆组织实施海选赛、初赛、复赛；四川电视台则主要负责从复赛起跟进拍摄和录制，并在四川电视台最大的演播厅组织决赛，最终录制成节目在电视台播出。在这个过程中，文化馆主要供给的资源包括品牌资源、群众流量、专家人才，电视台主要供给的资源是媒体平台、专业舞台、工作团队。

通过双方的资源整合，我们获取了各自的价值诉求。对文化馆而言，省级电视媒体的加入增强了对参赛队伍的吸引力和对品牌的推广力，借力电视台的演播厅专业的舞台和执行团队，也降低了财政经费和人力物力投入；电视台则收获了精品节目、高收视率和广告赞助。文化馆和电视台在项目实施的不同流程环节进行分工，达成项目合作模式。

案例二　跨层出圈的行业盛会：成渝文采会

案例二是成渝文采会。成渝文采会是一个将公共文化服务的需求方（主要是指文旅公服系统、大型国企等）与供给方（主要是指各类社会组织、社会力量）通过线上平台和线下展会连接起来进行意向性洽谈，促进供需对接的平台。目前已经在成都举办了三届。

2020年的成渝文采会，供给方有来自四川、重庆、北京、上海等地的317家单位，涵盖了15个服务类别。需求方面，有川渝辖区内的文旅公共服务系统近100家单位参与。

在这个平台中，主办方提供公开发布意向性采购项目、最新的文化馆行业发展咨询，为企业提供展示、展演、自我推荐的各类机会等，吸引企事业单位参与；参展单位携带专业的服务、新兴产品技术和创新理念参加。

通过资源整合，主办方了解了文旅市场最新的产品和服务，有利于推动供需对接，也增强了文化馆与社会力量的联系；社会企业则从中了解了最新的政策资讯，接洽了项目，实现了与其他企业的交流。文采会形成了以网络信息技术为重要支撑，连接供需的双边平台。

相比"劲舞暖冬"项目合作的方式，文采会具有明显的广泛性和开放性，更具备平台化发展的特征。

案例三　创新性的全民艺术普及：成都街头艺术表演

案例三是成都街头艺术表演。这是在成都市建设"音乐之都"的背景下诞生的。成都市文化馆作为执行主体，在成都市文化广电旅游局的支持协调下，承担了艺人准入、点位选择、管理机制制定、专业培训、线上平台模块开发等基础工作，以及作品孵化、商演推介、音乐节演出等激励性工作，供给了街头阵地、业内专家、发展机会、媒体渠道等资源；参与到街头表演中的街头艺人，则以各种才艺为市民提供丰富多样的公益演出。2020年，成都街头艺术表演开展街头演出2 000多场，参与重大文旅公益演出162场，平均每天演出近9场。

在这个过程中，文化馆的服务阵地得以拓展，优化了服务供给，培育了人才队伍，也贯彻落实了市委市政府建设"音乐之都"的目标规划；街头艺人收获了演出打赏、更多粉丝流量、专业成长和社交圈子。

相比于案例二文采会的供需双边平台，街头艺术表演有着完全不同的平台逻辑，在街头艺术表演项目中，文化馆注重满足和引导街头艺人队伍的需求，通过人才培训、作品孵化、更高平台推送等方式向人才队伍赋能，激发其演出的积极性和创造性，从而为公众提供优质公共文化服务。文化馆从直接提供服务项目、服务产品，转化为搭建以人为核心资源的内容生产平台。

案例四　体系重构的纵横联动：文化馆总分馆建设

案例四是文化馆总分馆建设。自文化馆总分馆制建设工作启动以来，成都各区（市）县大胆探索。一方面加强了体系内总馆与基层文化馆（站）在人、财、物、项目之间的联系，形成纵向主导模式；另一方面，总馆积极与行业外的文博单位、学校、科研机构、文化街区、旅游景区、企业等展开合作，形成横向合作模式。比如锦江区文化馆与社会力量合作形成的各类特色分馆，依托写字楼公共空间的一楼文化项目，金牛区文化馆的全民艺术普及联盟等，初步形成对内联通、对外开放的文化馆总分馆格局体系。

在这个体系内，总馆通过品牌、资金、专家、场馆、设施、流量引入分馆的各类资源，为公众提供公共文化服务。对总馆而言，这项工作落实了建设文化馆总分馆制的政策要求，整合了多方资源，拓展了服务触角；

对分馆而言，获取了更多资源，提升了服务品质，增强了其影响力。

总分馆制建设本质上是组织体系的变革。用组织体系的重塑，改变资源分散、条块分割、互不关联的局面。组织体系平台的形成，相比汇聚供需资源的双边平台，参与各方有更深入和紧密的有机联系；而相比街头艺术表演项目以某个群体为核心资源的内容生产平台，则可能生产出更广泛、更有创新性的文化服务和产品。

案例五　精耕细作下的需求转化：全民艺术普及社群

案例五是全民艺术普及社群。近年来，社群井喷式发展，人们的个性化的文化需求催生出了各种各样的社群。B站上7 000多个的兴趣圈层、"饭圈大战"的网络舆论事件、知乎和得到等平台轻易引发的大规模用户参与等表明，社群已经成为不容忽视的新的社会交往方式和改变的力量，也正成为值得文化馆关注的社会文化现象。甚至我们可以认为，面对多元的社会，简单地将公共文化服务群体按年龄分为儿童、青少年和中老年已没有太大的分类意义。

为了适应个性化、创新性的文化需求，成都市文化馆依托自有平台文化天府App、微信群、QQ群等创建各类社群。社群不仅由专业老师跟进市民艺术学习成效、在线答疑，还会征集市民学习的体验反馈和建议，更会开展文化活动赠票、抽奖、读书会等各类活动。同时我们还推出了公共文化服务体验师项目，面向社会征集公共文化服务体验师，让体验师定向体验服务项目并撰写、提交体验报告。体验报告在被认真梳理后逐条反馈至业务部门，从而让文化需求真正影响文化供给。

在这个过程中，文化馆供给了公益项目、专业老师和交流圈子，社群成员献出了公益热情、富余时间和意见建议。经过资源交换，文化馆挖掘了用户反馈，更培育了自己的核心圈层用户；社群粉丝则参与了公益文化事业、获得了价值认同。粉丝社群平台的核心价值在于，我们可以通过粉丝社群的细分特质、圈层效应、自我组织等效能，推动文化馆的公共文化服务精准化，甚至由此促进社群成员从公共文化服务的被动接受者转变为支持者、传播者，改变公共文化服务从"我"出发供给服务产品的单向度模式，完成文化馆公共文化服务供需链由供给到需求端后，再从需求端反馈信息到供给的重要转化环节。

（三）平台构建

文化馆行业破圈发展的案例还有很多，比如东莞市文化馆推出的"南方＋东莞云上文化馆"首家媒体文化馆、东莞共享文化年，上海的市民文化艺术节等。从商业启发到行业内的实践探索，足以让我们期待文化馆的平台化发展。

这些实践案例，为我们展示了文化馆借助自身的公益身份、品牌、流量、资金、人才、场馆等资源，与行业外的力量进行资源置换或整合，从而为各方创造所需价值的过程。

不管是从资源的影响力和丰富性还是从多主体中主导作用的发挥等角度来考虑，只有区域性中心文化馆更有可能担当起构建平台的职责，从而带动基层文化馆（站）融入平台化发展体系之中。

不同的主体，融入平台一定有不同的价值诉求。对于图博美等公共文化服务机构，文化馆可以着重通过政策驱动（比如区域协同发展政策、文化馆总分馆制建设等）与其建立起联系，它们是文化馆需要紧密依靠的力量。

由于公共文化服务机构具有极强的公益属性，还可能通过项目合作、资源整合等方式与具有影响力的媒体达成合作，借助其渠道、流量等资源增强平台的影响力和对社会力量的吸引力。

在此基础上，结合当地社会力量的特质和价值诉求，以流量、项目、资金等为重要资源要素，便有可能带动社会力量以自有的特色资源加入平台之中。

当平台达到一定的资源汇聚能力和服务影响力时，便会形成更强的聚集效应，吸纳更多主体和资源加入。这便形成了以区域性中心文化馆为核心，通过资源整合构建平台的现实逻辑。

由此我们可以描绘文化馆的平台化发展：区域性中心文化馆以开放性的姿态，面向体制内外各类主体，通过可运用的政策或可支配的技术、场馆、资金、人才、流量等作为置换资源，带动文化馆外的其他主体携资源进入平台，形成分属内容生产、人才孵化、场景营造、社群运营等不同维度的平台，依靠平台满足不断增长的文化需求。

这个平台替代原有的、各自独立分散的文化馆，成为公共文化服务产品的生产者和供给者。区域性中心文化馆构建并且支撑平台的运转，这意味着区域性中心文化馆的服务对象从市民群众转变为服务平台中的各主体，通过满足平台中各主体的价值诉求，将外部生产要素整合到平台型组织的生产系统中共创价值，从而实现公共文化服务的精品化、多元化、精准化。简而言之，就是区域性中心文化馆只有通过转化供需、置换资源、共创价值，才能构建和支撑平台的形成和强大，从而依靠平台提供公共文化服务和产品，满足不断增长的文化需求。

因此，我们可以这样来定义文化馆的平台化发展：文化馆从服务项目、服务产品、服务内容的生产者、提供者向公共文化服务资源平台的搭建者、运营者、管理者发展，培育形成一个或多个以文化馆为主导的、纳入各级各类社会文化资源的公共文化服务平台乃至生态体系，以多主体共建、共享、共治的方式推动公共文化服务供给的社会化、专业化和品质化。

三、路径探索：功能转型

（一）功能架构

平台化发展将极大地改变文化馆公共文化服务的工作理念、生产方式和运营模式，必然需要区域性中心文化馆转型升级功能以推动平台化发展。

我们构思了平台化发展有机过渡的功能架构。所谓有机过渡，是指平台化功能转型是基于现实、循序演进的过程，而不是一蹴而就。这个功能架构包括一核心和三中心。

一核心和三中心分别是服务支撑核心，内容供给中心、资源整合中心和数字运营中心。我们需要将其分为基本功能和创新功能两个部分来理解它们各自的作用。

1. 基本功能

内容供给中心的基本功能是：面向群众，围绕全民艺术普及培训、群众文化活动、辅导、讲座、展览、文艺创作、理论研究等职能提供服务，也就是沿袭文化馆的传统职能。

资源整合中心的基本功能是：着力运营和激发自有资源的活力，开展场馆运营、团队孵化、志愿者队伍建设等工作。

数字运营中心的基本功能主要包括三个方面：一是数字平台建设，包括面向公众的服务型数字平台和支撑内部系统运营的数字办公平台；二是信息内容生产，即将各类公共文化服务的信息、产品、特色、亮点等转化为适宜数字平台和新媒体传播的文、图、视频等内容；三是媒体渠道对接，即通过资源共享、项目合作、战略合作等方式，加强与外部媒体的联系。

服务支撑核心的基本功能是从办公、人事（党办）、财务等角度全面保障文化馆工作有序运营。

以上是基本功能，总体而言，与文化馆的现有功能保持了较高的一致性。

2. 创新功能

资源整合中心新职能的核心要义是对外拓展资源。资源整合中心应该是推动平台化发展的桥头堡，承担阵地拓展、资源协调、创新策划、项目接洽等工作，沟通、协商资源置换方式和服务产品产出，在与外部力量完成合理化合作商讨后，按照业务属性范畴将项目交由内容供给中心执行。

因此，内容供给中心的新职能为依据资源整合中心的新策划、新项目、新资源，进行推进实施，促进公共文化服务的精品化、分众化、多元化。

数字运营中心则应着眼社群运营，从用户画像、社群构建、社群活力激发等维度培育文化馆核心用户，深入挖掘用户需求并反馈至资源整合中心和内容供给中心，形成从供到需、再从需到供的良性循环链。

服务支撑核心应着眼创新项目运行，完成创新项目规范化流程管理、激励机制、绩效评估等系列规章、制度，让创新工作有章可循，激发创新活力。

一核心和三中心之间通过沟通机制、数字办公平台保持密切联系和互动，从而推动文化馆向平台化发展转型。

（二）发展愿景

展望未来，我们有这样的愿景：文化馆从产品服务的提供者转型为价值创造的服务者。

当我们依然是产品服务的提供者时，我们的工作重心就在于具体内容的生产和产品供给，并作为单一的文化馆公共文化服务供给方投入产品的策划、实施中，只能依靠投入驱动发展；但是转型为价值创造的服务者意味着我们通过利他、赋能的制度和措施，与各主体形成互利共赢关系，支撑起从资源整合、内容生产、产品供给、文化消费到效果反馈的各个环节，形成开放的生态圈，以创新驱动发展，以不断自我迭代发展能力、包含更多优质主体的平台作为文化馆公共文化服务的供给方式，从而不断满足对美好文化生活的需求。

当然，平台化发展包含的内容丰富，机制复杂。比如，我们在平台化过程中，如何发挥价值引领作用？如何创造价值、传递价值？还涉及安全风险治理、利益治理、检查监督、评价淘汰机制等一系列问题，亟须开展更多深入、务实、系统的研究。

尽管前路并不容易，但是我们依然需要坚定地去探索，因为互联互通的信息文明时代早已到来，这就要求我们具备灵活应对瞬息万变的社会文化发展和文化需求的能力。如果把互联网时代日趋多元、充满活力的文化需求比喻为蚁群，那么我们显然没有必要成为一头硕大的"大象"。大象应对蚁群必然是无力的，用平台化逻辑汇聚起由多种力量组成的有机而灵活的"蚂蚁战队"，通过彼此间的赋能，形成共生协同的体系化的力量，用具有自我衍进能力和有生命力的平台去提供公共文化服务，才能够让我们的服务更加灵活和高效。

 **专家点评**

主持人：

感谢赵主任精彩的分享，从一个新的角度，带着我们层层剖析、探寻区域性中心文化馆推动平台化发展的原因、方向和路径，内涵丰富，逻辑清晰，实例与理论相结合，可以说干货满满。我认为这对于文化馆思考自身的转型发展都颇具启示借鉴意义。

接下来，有请金武刚教授进行点评。

金武刚：

"从阵地服务到平台构建——关于区域性中心文化馆功能转型升级的思考"为我们文化馆从业人员带来了新视野和大格局，其所提出的文化馆平台化的工作思路与方法，极具价值，极有启发。

一、市馆与县馆的错位发展

在我看来，赵老师报告最大的价值，在于明确了作为中心城市的市级文化馆的功能定位与一般县区级文化馆之间的错位发展。

这里的市级文化馆，是指设区城市的市级文化馆。如省会城市、副省级城市以及绝大多数的地级市的市级文化馆。

大家都注意到这些年来，随着公共文化服务建设的重心下移，县级文化馆发展方向日益明确，也被赋予更为重要的任务。除了阵地服务之外，中央要求以县级文化馆为总馆，整合县域内所有群众文化艺术资源，加强对县域内所有文化活动、文艺创作、文艺辅导、送戏下乡、队伍培训以及演出器材设备调配等方面的统筹。要求乡镇（街道）综合文化站、村（社区）综合性文化服务中心等机构主动成为县级文化馆的分馆或者服务点，推动实现全县域的群众文化艺术服务的均等化、标准化建设。

特别是 2016 年 12 月底，由文化部等中央五部委联合印发的《关于推进县级文化馆图书馆总分馆制建设的指导意见》更是作为公共文化领域重点改革工作，在全国加以全面贯彻落实。以县馆为总馆的总分馆制建设的成就斐然。2021 年 4 月下旬，文化和旅游部在苏州召开的公共文化领域重点改革工作总结部署会议上透露，全国已有 2 578 个县（市、区）建立文化馆总分馆制，优化公共文化资源配置。县、乡、村三级网络体系的形成，赋予了县级馆更大的作为空间，使它们能够更加有效地履行全民艺术普及和优秀传统文化传承的光荣使命。

但是，与此同时，设区的市级文化馆的定位相对尴尬。虽然它也有责任支持县级文化馆总分馆制建设、加强业务指导，但无法进一步向下、向外有效拓展和延伸。因为市级馆向镇、街乃至村、社区延伸，建立分馆或服务点，就与县级馆的功能交叉，造成多级财政的重复投资，有"越位、篡位"之嫌，也剥夺了县馆进一步发展的机会和可能，导致文化馆整体工作效率低下。

但是，市级文化馆的保障条件和服务能力又比较突出，相对县馆而言，资源更加丰富，人员更加充足，服务更加专业。市文化馆是全市人民的文化馆，如果仅仅作为一个机构，只是发挥它的阵地功能，则大大降低了市馆的地位，削弱了市馆的作用发挥。长此以往，市级馆作用不再彰显，地位不再牢靠，也会显著拉低人们的预期，未来发展的危机、潜在危机重重。

今天，赵老师的报告，给设区的市级文化馆的功能定位与作用发挥破了题，指明了从阵地化服务向平台化统筹的发展方向，利用城市"中心馆"——区域性中心文化馆的地位和身份，跨界合作、高位统筹各类社会资源，创新服务内容和方式，服务全市域的老百姓，与县馆之间是错位发展，是统筹互补的关系，是相互合作与促进，非常具有创新价值。

二、破圈与社会资源的统筹

那么，文化馆如何"破圈"，从体制内的文化阵地，走向大社会的公共服务？赵老师的报告给我们构建了一个比较完善的平台发展建设模型：从项目、产品、内容的直接生产者、提供者，向公共文化服务资源平台的搭建者、运营者、管理者创新发展，形成以文化馆为主导的、纳入各级各类社会文化资源的公共文化服务平台以及相应的生态体系，以多元主体共建、共治的方式，推动公共文化服务供给的社会化、专业化发展，形成政府、社会、市场协同发展的格局。

在我看来，赵老师带来的成都市文化馆创新实践五大案例，极具启发价值，走出一条文化馆主动"破圈"，打破内卷，向社会要资源，为我所用、助我发展的平台化创新发展之路。

"案例一成都文化四季风"，市文化馆利用系统内的文化馆（站）资源组织发动群众文艺活动比赛，层层选拔，但又不只局限在文化系统内的自娱自乐，而是充分利用大众传播媒介，跨界与四川电视台合作，从复赛跟拍到决赛录播，以群众喜闻乐见的方式，扩大了群众文化活动的影响力和覆盖面，同时也提升了电视台的收视率和经济收益。这是文化馆对大众传媒资源统筹，实行跨界合作的共生共荣、相得益彰。

"案例二成渝文采会"，是当年"成都市公共文化服务超市"的扩展版。

市文化馆作为承办单位，搭建了一个区域性的线上线下结合的意向采购服务平台，让采购方有更多的选择和比价，甚至萌生出新需求，也让供给方有了更多的展示和促销机会，根据需求来调整供给服务和产品，不断提升质量和水平。这是文化馆对社会供给主体的统筹，搭建了社会力量参与的公共平台，建立了灵活精准的供需对接机制，也是新时代适应需求变化的供给侧重大改革。

"案例三成都街头艺术表演"，市文化馆作为执行主体，在整个成都市域范围内，承担了艺人的准入审核、点位选择及其管理、培训、孵化、商演等推动性工作。这是市文化馆直接面向社会主体、个人文艺表演者进行统筹管理，与区县馆相比，无论是组织、培训，还是管理、执行，更具明显优势，更具统筹力度和能力，为城市旅游发展营造了浓郁的文艺氛围，也是公共文化机构促进文旅融合发展的重要创新尝试。

"案例四文化馆总分馆建设"，市文化馆以中心馆的角色，直接推动了各区县文化馆总分馆制建设，并且将各个自成体系的区县级总分馆有机连接起来，改变了体系化的资源分散、条块分割、互不关联的局面，形成全市域的组织体系平台，统筹全市域的文化资源和师资资源，加强区域联动，规范运行标准，提升服务水平。

"案例五全民艺术普及社群建设"，文化馆依托自有平台——文化天府 App、微信群、QQ 群等创建各类社群，推动个性化、特色化发展。每个社群不仅由专业老师跟进市民艺术学习成效、在线答疑，还会征集市民学习的体验反馈和建议，更有文化活动赠票、抽奖、读书会等各类活动，培育了一大批文化馆的铁杆粉丝。将来，还可进一步拓展到抖音、B 站、知乎等公共传播平台上，代表全市文化馆整体形象，与公众交流互动，收集、汇聚公众评价和反馈意见，为进一步提升文化馆服务能力提供助力。

三、中心馆与全域服务的实现（延伸讨论：区域性中心文化馆的平台功能）

赵老师报告的时间虽然不长，但内容丰富，也给市级文化馆的平台化发展带来了全新思路和工作路径。受赵老师报告的启发，在我看来，作为区域性中心馆的市文化馆，还有众多的平台功能可以进一步创新探索。

（一）市文化馆要成为区域性公共文化服务均衡发展中心

可以统筹解决各区县群众文化艺术发展不均衡、城乡发展不均衡的问题。如组织开展送戏下乡、文艺轻骑兵基层巡演等流动服务，推动非遗进校园、区域文化联动等，丰富薄弱区县资源供给等。

（二）市文化馆要成为群众文化改革创新研究中心

市文化馆引领各区县文化馆及乡镇综合站等创新管理机制，增加发展活力，为全域公共文化创新发展提供理论支撑；积极培养各类公共文化服务创新专门人才，关注公共文化创新理论前沿，提供政策咨询与信息服务，为文化事业发展决策提供智库支持。

（三）市文化馆要成为地方优秀文化保护中心

主动承担优秀文化艺术遗产搜集、整理、研究工作，并形成地方特色资源库；积极开展优秀传统文化普及推广工作，继续组织好非遗等优秀传统文化进校园、进社区、进机关、进企业。

（四）市文化馆要成为文创培育发展中心

随着国家有关政策推进，文创培育成为文化馆传播文明、传承优秀传统文化、实现全民艺术普及的又一重要举措。文化馆要以馆藏特色资源和本市文化资源为基础，与老百姓日常生活风俗、地方优秀传统文化相结合，有计划、合理、高效地开展多层次的文创培育。

（五）市文化馆要成为群众文化艺术创作辅导中心

繁荣群众文化艺术创作，丰富文化产品供给，是满足人民群众精神文化需求的前提条件，是文化事业和文化产业发展的重要基础。因此，市文化馆要坚持"以人民为中心"的创作导向，带动各区县文化馆一起扶持群众文艺创作，引领社会发展方向，提升公众文化艺术素养，满足时代发展的需要。

（六）市文化馆要成为全市文化艺术师资调度中心

改变各级各类文化机构的人才管理各自为政的现状，建立师资调度平台，合理调配人力资源，实现优势互补和资源共享，师资缺乏的地区可通过平台要求调派师资力量支持。

（七）市文化馆要成为群众文化活动技术支撑中心

以"互联网＋文化活动"一站式平台建设为基础，对全市域内各类公共文化机构、相关文化单位、社会机构等举办的文化活动、信息资讯等提供线上线下服务支撑，以技术服务平台支撑全市文化活动，实现共建共享、互联互通。

（八）市文化馆要成为全民艺术普及慕课建设教育中心

慕课建设因其依托互联网、大规模人群参与、便捷的师生交流、完善的教学管理等特点，扩大了文化馆在线服务对象和服务范围，不仅为文化馆带来了一种新的资源类型，也对文化馆培训辅导业务工作方式带来巨大变革。由市文化馆负责全市艺术普及网络教育，开展慕课建设，具有得天独厚的优势，并且可以惠及各区县文化馆，大大减轻基层慕课建设压力。

（九）市文化馆要成为全市文化类社会组织孵化中心

文化馆社会化发展格局的形成，一个不可或缺的前提条件就是有足够的、可挑选的、合格的文化类社会组织群体。目前，这是短板。因此，当前迫在眉睫的工作，就是政府和公共文化机构必须投入相当多的精力，大力培育发展各类文化类社会组织。市文化馆可以承担起相应职能，孵化、培育出一大批信得过、用得上、靠得住、打得响的文化类社会组织，成为名副其实的"中心馆"。

（十）市文化馆要成为民间文化交流服务中心

"国之交在于民相亲，民相亲在于心相通"，文化交流是民相亲、心相通的重要平台和基础。文化交流包含"走出去"和"引进来"，中国在多年的文化交流中，多吸收外来文化，而优秀传统文化输出却不多。文化交流应当加快"走出去"的步伐。市文化馆要组建民间文化交流服务平台，建立文化传播长效机制，开辟对外交流渠道，可以利用友好城市、国际论坛、全球各地文化艺术节庆活动等，设置常态化、短期化的文化交流项目，打通民间文化交流渠道，提高本地优秀传统文化在国际上的影响力。

当然，无论推进实现哪一类平台功能，作为文化馆而言，始终坚守专业发展理念，不忘初心，团结一切可以团结的力量，积极推进全民艺术普及和优秀传统文化传承，才能真正体现文化馆的社会价值。

 **互动交流**

主持人：

谢谢金教授的精彩点评！金教授在赵主任主讲内容的基础上做了总结提升，并拓展提出了作为区域性中心馆的市级文化馆围绕职能专业发展和行业价值彰显，应当进一步去创新探索、推进实现的十类平台功能。

下面，我将邀请赵保颖秘书长加入，与金教授、赵主任一起和大家进行互动交流。

三位嘉宾好！请先与屏幕前的文化馆（站）同人和网友们打个招呼！刚才我们分别聆听了赵主任和金教授对区域性中心文化馆功能从阵地服务向平台构建转型升级的思考和点评，非常精彩。现在，我就行业同人一直关注的话题和网友提出的问题，请嘉宾与大家分享见解。

赵秘书长好！在直播屏幕留言区里，有一位网友提问，文化馆平台化过程中有哪些难点问题？关于这一问题，先请教赵秘书长，您是怎么看的?

赵保颖:

各位同人和网友大家好!

"十三五"时期,文化馆行业取得的最重大突破,就是解决了长期以来行业职能不清的问题。现在,文化馆开展全民艺术普及和优秀传统文化保护与传承的社会职能在全行业已经达成普遍共识。围绕这个职能,各级文化馆在体制机制创新、服务手段创新、管理模式创新等方面做出大量有益探索,为后续发展积累了宝贵经验,打下了很好的基础。

新的五年,在高质量发展的道路上文化馆该怎么走,是摆在行业面前的新课题。我认为今天讨论的主题"从阵地服务到平台构建",给出了一个很好的思路,值得高度关注和深入探讨。

结合网友的提问和前面两位的观点,我想再做些补充。首先,为什么文化馆要走平台化的道路?随着经济社会发展水平的提高,文化的供给侧和需求侧都产生了明显变化。供给侧从无到有、从少到多,需求侧从单一到多元化、从普惠到个性化,那么供需之间的矛盾焦点也发生了明显变化。

亟须解决的问题是:如何将供给端丰富的产品与服务,有针对性地、有效率地、持续精准地送到需求端。社会需要一个熟知百姓需求、具备资源整合调配能力、善于链接各方力量的机构角色来解决问题。文化馆无疑是具备这样的"潜质"的。

平台的功能主要表现在资源汇集、建立连接、服务延展、利益共享这些方面。从赵靓靓老师的案例中我们看到:文化馆能够广泛汇集来自政府、公共文化机构以及社会力量的产品与服务,建立 B2B、B2C 的供需连接模式,创新服务方式,延伸服务触角,在跨界与出圈的同时,构建起界内界外、圈内圈外多边共赢的合作机制。

其次,文化馆平台化转型将遇到哪些难点问题?平台化本质上是说,文化馆不能局限于自身的"几十人几十条枪",那样永远满足不了需求,需要转化为全社会文化艺术资源、活动的统筹协调者、组织实施者，为全社会的公益性文化艺术活动、服务搭建平台。平台化意味着文化馆发展理念的变革、发展方式的转型、工作重点的变化。在转型过程中，可能遇到的难点或者说是突破的重点有以下四个方面：

一是要赢得政府支持。要从政策角度、在顶层设计上得到行政部门的全面支持。"平台"一词非常形象地体现出它在广泛的社会资源面前，是要有一定"高度"的，公共文化机构要站上这个高度，政府是最关键的支撑和推手。

二是要对阵地职能进行重构。赵靓靓老师在她的分享中构化出"一个核心＋三个中心"的文化馆平台化的理论模型，再造了文化馆的组织模式、业务流程和运行方式。对于文化馆自身建设而言，平台化相应地要求阵地功能、工作重点、服务和活动方式都要相应发生变化，对于人才队伍、保障能力等也提出了新的要求。因为，工作重心就不是文化馆自己创作了几个节目、组织了几场活动了，统筹协调、组织指导的职能要放在首位。这是一个不小的变化，对管理者来说也是一个不小的挑战。

三是要构建新的机制。平台的可持续动力在于能够"共赢"。文化馆是公益性的，没有市场基因，唯一"市场"就是人民大众。而平台整合的资源更多还是要来自市场主体，社会力量愿意致力于公共文化事业的理由除了情怀以外，看重的是人民大众这个大市场，是从公益普惠服务向高质量、多层次、市场化而延伸出去的巨大市场价值。因此，站在人民利益和市场利益面前，平台要有权衡、调控的能力，去构建和不断健全、优化共赢机制。

四是要创新技术应用。信息技术在平台的架构中扮演着重要角色。5G、区块链、人工智能、云计算、大数据等新技术运用，为构建"点—线—面—体"立体式的平台架构提供了有力支撑。数字化手段能够将不同的个体、组织、企业和子平台连接起，使复杂的共建共享共赢游戏规则得以更高效、便捷的实现。

可以说，平台化是对文化馆功能的重塑，它撕开了文化馆功能转型和新一轮体制机制创新的大幕一角，一批更加新颖的实践成果将会不断涌现，我们拭目以待。

主持人：

谢谢赵秘书长！

金教授好！一位市级文化馆的同人问：您刚才讲了很多作为市级文化馆应当开拓的平台化功能。那么，如果我们市级文化馆基础比较薄弱，可不可以只固守我们当前馆舍所在的文化阵地，而不去主动拓展平台功能、去统筹组织各类社会资源呢？请金教授给予解答。

金武刚：

我认为，对于设区城市的市级文化馆而言，平台化服务功能是如何建、建得好不好的问题，而不是要不要的问题。

充分发挥馆舍所在的文化阵地作用确实很重要，也是市级文化馆的立身之本。但是只依托有限的财政资金投入，只依托有限的资源、项目、活动，只依托有限的专业师资力量，也只能保障老百姓的有限的基本文化权益，参与有限的基本文化活动，享受有限的基本文化服务。这与十九大报告提出的满足人民群众美好生活需求的目标，差距甚远。

文化馆的作用有限，功能发挥有限，也会进一步削弱其固有的社会地位。我们也看到，有个别地级市，几年前就把市文化馆并入市公共文化中心，文化馆只是作为机构内的一个部门存在，虽然阵地服务还存在，甚至还得到一些全国性的奖项，但相比该市的市图书馆、市博物馆而言，市文化馆对全市的文化事业发展的引领作用已经大大弱化。

文化馆的职业使命，目前定位为全民艺术普及和优秀传统文化传承。而该职业使命的实现需要不断扩大文化馆服务的覆盖面和实效性。

覆盖面的扩大，也就是意味着对社会公众的全面覆盖，特别是对当前中青年"上班族"社会主流群体的有效覆盖；要有大量的创新项目、活动，能够吸引社会公众，特别是中青年群众的关注和参与；要具有实效性，就必须根据公众需求来创新设计和提供文化馆服务。那么，资源从哪里来？活动从哪里来？项目从哪里来？文化馆要做出哪些必要的调整？

作为一个区域性城市而言，这就特别需要市级文化馆承担起区域性文化发展的"领头羊"作用，建立各种组织平台，统筹各类资源，充分发挥功能，带领各区县文化馆一起破题，一起努力，一起为履行职业使命而奋斗。

所以，赵老师的报告，确实为我们的区域性中心城市的文化馆发展，特别是设区的市级文化馆，带来了全新视野，全新的工作思路和方法，值得认真学习和全面推广。

主持人：

谢谢金教授！

赵主任好！接着刚才金教授的解答，我想听听您对相关问题的看法。文化馆平台化转型需要进行资源整合，要能够为其他的社会主体"赋能"，但文化馆自身的资源和能量就有限，应该怎么破题？

赵靓靓：

文化馆的平台化发展，我们比较容易达成理念上的共识，但要实践推进却并不容易，特别是在文化馆现有社会地位和社会影响都不够突出的情况下。

我们提出平台构建首先是因为在实践工作中，切身尝到了"资源整合"和"共创价值"的"甜头"。比如仅就"街头艺术表演"项目来说，近两年来，网易云音乐、优酷、抖音、咪咕音乐、快手等新媒体平台以及成都广播电视台等地方媒体，主动与我们联系展开基于资源整合的广泛合作，极大扩大了文化馆的影响力，与这些机构建立起来的联系，也带动了我们其他公共文化服务项目的发展。

同时我们更关注到，国内很多城市的文化馆也在"破圈"发展过程中取得了显著的成效。比如上海市群艺馆在开放办馆的理念下，依托自有的场馆资源和专业人才，主动通过网络联系各类社群，邀请他们携带他们的航模、玩具、折纸、收藏品等具有特色的项目到馆办展。上海市群艺馆在为他们提供场馆空间的同时，还由馆内专业的展览策划、展览设计等方面的专业人员与他们沟通展览内容和展览设计，让他们的项目在上海市群艺馆绽放新的光彩。这种方式让群艺馆的展览内容得到了极大的丰富，同时这些项目通常都有自己的粉丝群体，由此也吸引更多群体进入到群艺馆的场馆空间，进一步盘活了资源。比如广东东莞市文化馆与广东权威媒体《南方日报》、"南方+"新闻客户端展开了战略合作，开设了"南方+东莞云上文化馆"，对文化馆重大品牌服务加强遴选规划，进行媒体化生产、包装和传播。这样做，对于媒体平台而言有了丰富的内容支撑，而东莞市文化馆通过与权威媒体的合作，不仅扩大了活动的影响力，更增强了自己的主导地位和在社会力量中的话语权。目前东莞市文化馆正在开展的"东莞共享文化年"也具有显著的平台化价值。

类似的案例在我们行业内的探索还有很多，只是我们过去可能并没有从平台化的角度去理解和分析过。但是很显然的是，平台化转型是有可行性的实践支撑的。

品牌项目、场馆阵地、资金人才确实都有可能成为推动平台化的突破口，我们也并不需要面面俱到，只要抓住并用好我们最擅长、最有利的资源作为"拳头产品"去突破，就有可能搭建起文化馆与其他社会力量的桥梁，然后在反复交流和不断积累中去强化与社会力量的联系。

我们借课题之机提出平台构建研究，也是希望抛砖引玉，和更多同人一起，交流探讨文化馆的高质量发展思路。当然，作为行业的工作人员，我们也很盼望文化馆能够被给予更多"能量"，被"赋能"，只有文化馆自身更强大、有力，平台化转型才更有实现的可能。

主持人：

好的，谢谢赵主任！

最后，还想请赵秘书长给大家谈一谈，全国公共文化发展中心和中国文化馆协会对于平台化问题有哪些考虑？

赵保颖：

发展中心和文化馆协会作为文化馆的行业龙头，肩负着凝聚行业力量，引领行业发展，搭建政府与行业、跨行业以及行业与市场之间的桥梁纽带的责任与使命。为了顺应高质量发展的新形势，从2020年开始我们也加快了转型的步伐。国家公共文化云的改版升级、全国公共文化和旅游产品采购大会的创建、中国文化馆年会以及省、市、县三级文化馆交流品牌的创建，都是在全国范围内构建平台的具体举措。

转型是一篇大文章，这篇文章做得好不好，并非一家之言所能断定，既需要社会效益、经济效益以及老百姓满意度的多方验证，更需要大家共同的探索努力。文化馆平台化，是文化馆社会化发展、高质量发展的重要方式，应该大力推动的发展方式，它将给行业带来一场深刻的"革命"，我们也愿意和大家一起在"十四五"公共文化高质量发展探索中，共同面对机遇与挑战。

主持人：

谢谢赵秘书长的补充！今天的互动讨论非常热烈，我相信屏幕前的各位同人和网友也和我一样，收获良多、受益匪浅。

主持人结束语

"十四五"时期，随着我国社会经济结构发生的深刻变化，中心文化馆正在成为承载公共文化服务高质量发展的主要载体。我们期盼中心文化馆在新的发展阶段，充分发挥引领和带动作用，增强创新发展动力，抓住平台化转型升级机遇，进一步转变职能，以开放之姿，致力实现资源整合汇聚、价值共创共享，不断提升服务能力和水平，更好地满足人民群众对美好文化生活的多元需求。

今天的"思考与讨论"就到这里，下一讲将于5月12日下午三点播出，我们将邀请中国标准化研究院副研究员张艳琦作为主讲人，中国标准化研究院质量分院社会信用研究室主任周莉为主评嘉宾，全国文化馆标准化技术委员会副秘书长陈艳平作为互动嘉宾，与大家分享交流"标准化基础知识与文化馆服务标准化"。

再次感谢三位嘉宾的精彩讲解！感谢各位同人、各位网友的积极参与，我们下期再见！

 **直播间二维码**

第八讲

标准化基础知识与文化馆服务标准化

主讲人简介

张艳琦，中国标准化研究院副研究员。全国文化馆标准化技术委员会委员，全国信息分类与编码标准化技术委员会秘书。国际标准化组织 ISO/IEC JTC1 SC32 WG2 和 ISO/TC 154/JWG1 的注册专家。"十一五""十二五""十三五"期间，主持多项国家科技支撑计划及国家重点研发计划课题。

主评嘉宾简介

周莉，博士，研究员。中国标准化研究院质量分院社会信用研究室主任，全国文化馆标准化技术委员会委员，全国社会信用标准化技术委员会委员，ISO/TC 290 在线信誉标准化技术委员会注册专家、国内对口联络人。

主要从事社会管理标准化研究。主持和重点参与了国家科技支撑计划项目、国家重点研发计划项目等各类科研项目 50 余项；组织制定国家标准 50 余项；实质参与首个在线信誉国际标准 ISO 20488 制定，并主导提出我国国际标准提案；发表科技论文 30 余篇，出版论著 6 部，软件著作权 20 余项，多项研究成果获省部级科技奖励和社会力量奖。

互动嘉宾简介

陈艳平，中国文化馆协会副秘书长，全国文化馆标准化技术委员会副秘书长。

主持人开场词

引领文化馆建设，推动高质量发展。

文化馆（站）的各位同人、各位网友，大家好！

欢迎收看"文化馆事业发展的思考与讨论（第二季）"的第八讲。我是主持人李亚男。

今天这一讲的主题是"标准化基础知识与文化馆服务标准化"，我们邀请到中国标准化研究院张艳琦副研究员、中国标准化研究院质量分院社会信用研究室周莉主任和全国文化馆标准化技术委员会陈艳平副秘书长与大家做分享交流。

2021 年 3 月，由文化和旅游部、国家发展改革委、财政部联合印发的《关于推动公共文化服务高质量发展的意见》中，明确提出了"深入推进公共文化服务标准化建设，进一步完善公共图书馆、文化馆（站）和村（社区）综合性文化服务中心等建设和服务标准规范，健全公共数字文化标准规范体系"等主要任务。

近年来，全国文化馆标准化技术委员会围绕国家公共文化服务体系建设和文化馆事业高质量发展的需要，积极推动文化馆行业标准化建设，标准化成为规范行业管理、提高服务效能的重要手段，并为有关部门健全完善文化馆（站）服务保障机制，提升群众享有文化权益的保障水平提供了重要依据。

做好文化馆领域标准制定工作的前提是要对标准化的基础知识和当前文化馆标准化建设情况有深入的了解，为此，我们请到了张艳琦老师为大家带来相关的讲解。欢迎张老师！

 **讲稿精粹**

　　各位文化馆界的老师，大家好！很荣幸参与"文化馆事业发展的思考与讨论（第二季）"，今天我与大家分享的主题是"标准化基础知识与文化馆服务标准化"。

　　内容主要有五部分：一、标准化基础理论；二、我国标准化运行体系；三、文化行业标准化基本情况；四、文化馆标准化情况和问题分析；五、文化馆服务标准体系建设思路。

一、标准化基础理论

　　标准化基础理论主要介绍一些标准化术语。

（一）标准

　　《标准化工作指南　第 1 部分：标准化和相关活动的通用术语》（GB/T 20000.1—2014）对标准的定义为：通过标准化活动，按照规定的程序经协商一致制定，为各种活动或其结果提供规则、指南或特性，供共同使用和重复使用的文件。

　　该定义将标准界定为一种文件，并指出了这种文件与其他文件相区别的 5 个特征：特定的形成程序、共同并重复使用的特点、特殊的功能、产生的基础以及独特的表现形式。

　　标准的形成需要"通过标准化活动，按照规定的程序经协商一致制定"。定义中的表述，首先强调了标准与标准化的联系，指出标准产生于标准化活动，也就是说只有通过标准化活动才有可能形成标准，没有标准化活动就没有标准。然而标准化活动形成的不仅仅是标准，还有其他标准化文件，比如技术报告、规范或规程、指南等。只有"按照规定的程序"并且达到了形成标准所要求的协商一致程度的文件，才能称其为"标准"。

这里"规定的程序"是指各标准化机构为了制定标准而明确规定并颁布的标准制定程序。履行了标准制定程序的全过程，并且达到了普遍同意的协商一致后形成的文件才称其为标准。

协商一致并不是全体一致同意，而是普遍同意：有关重要利益相关方对于实质性问题没有坚持反对意见，同时按照程序考虑了有关各方的观点，并且协调了所有争议。

通过前面对标准界定的分析可以看出，标准是"按照规定的程序经协商一致制定"的，这就确保了：一方面在标准形成过程中，具有代表性的技术专家会参与其中，最新技术水平会被充分考虑，相对成熟的技术中可量化或可描述的成果会被筛选出来并确定为标准的技术条款；另一方面，经过相关利益方协商一致通过的标准，会被各方高度认可，发布的标准可以公开获得，并且在必要的时候，还可以通过修正或修订保持与最新技术水平同步，因此可以说标准是"公认的技术规则"。

（二）标准化

《标准化工作指南　第 1 部分：标准化和相关活动的通用术语》（GB/T 20000.1—2014）对标准化的定义为：为了在既定范围内获得最佳秩序，促进共同效益，对现实问题或潜在问题确立共同使用和重复使用的条款以及编制、发布和应用文件的活动。

该定义将标准化界定为一种活动，确切地说是人类活动的一种。标准化活动区别于人类其他活动的特点一共有 6 个方面：

第一，活动的目的。标准化活动的总体目的是消除混乱，建立最佳秩序。

第二，活动的范围。这里的"既定范围"包括地域范围和专业领域范围两层意思。

第三，活动的对象。标准化活动针对的是"现实问题或潜在的问题"。

第四，活动的内容。标准化活动包括确立条款、编制文件、发布文件和应用文件四方面内容。在标准化活动中经常会涉及"制定"这一概念，它是确立条款、编制文件和发布文件三方面内容的总称。

第五，活动的结果。从上述分析可看出，标准化活动确立的是"条款"，编制和发布的是"标准化文件"，也就是活动的结果是标准化文件的产生。

第六，活动的效益。是改进产品、过程或服务预期目的的适用性，促进贸易、交流以及技术合作。

（三）标准体系

《标准体系构建原则和要求》（GB/T 13016—2018）对标准体系的定义为：一定范围内标准按其内在联系形成的科学的有机整体。

标准体系的编制遵循 4 个原则：

第一，目标明确。标准体系表的编制，应首先明确建立标准体系的目标。不同的目标，可以编制出不同的标准体系表。

第二，全面成套。标准体系表中的标准应尽量全面，这样才能成体系，相互支持配套，发挥系统性、整体性的效果。

第三，层次适当。标准明细表中每一项标准在标准体系结构图中应有相应的层次，也就是从一定范围的若干同类标准中提取通用技术要求，形成共性标准，并置于上层；基础的标准应置于较高的层次；层次的安排应合理简化。

第四，划分清楚。标准体系表内的子体系或类别的划分，各子体系的范围和边界的确定，主要应按行业、专业或门类等标准化活动性质的同一性划分，而不宜按行政机构的管辖范围划分。

（四）标准化对象

《标准化工作指南　第 1 部分：标准化和相关活动的通用术语》（GB/T 20000.1—2014）对标准化对象的定义为：需要标准化的主题。

对标准化对象的理解可以从宏观、中观、微观 3 个层面来考察。将标准化活动从宏观层面来观察，其对象是"现实问题或潜在问题"；涉及标准制定的中观层面，可以将标准化对象聚焦到"产品、过程或服务"，进一步可以细化到"原材料、零部件或元器件、制成品、系统、过程或服务"；针对每一个具体标准的微观层面，其标准化对象就是具体的某种产品、过程或服务，比如洗衣机、安全操作过程、旅游服务等。

（五）标准化机构

《标准化工作指南 第 1 部分：标准化和相关活动的通用术语》（GB/T 20000.1—2014）对标准化机构的定义为：公认的从事标准化活动的机构。

标准化机构有 3 个特点：

第一，标准化机构是机构的一种，可以是法定实体或行政实体；

第二，标准化机构的主要特定任务是发布标准，其次还有推动标准的应用、开展技术和信息交流、教育培训等；

第三，标准化机构发布标准是被绝大多数利益相关方所接受和公认的。

（六）标准化机构的类型

一共有四种类型：

①国际标准组织。是指成员资格向世界各个国家的有关国家机构开放的标准组织。比较熟悉的有国际标准化组织（ISO）、国际电工委员会（IEC）、国际电信联盟（ITU）。

②区域标准组织。是指成员资格仅向某个地理、政治或经济区域内的各国有关国家机构开放的标准组织。比较熟悉的有亚太经济合作组织（APEC）。

③国家标准机构。是指有资格作为相应国际标准组织和区域标准组织的国家成员，是在国家层面上公认的标准机构。中国的国家标准机构是国家标准化管理委员会（SAC），美国的国家标准机构是美国国家标准学会（ANSI），英国的国家标准机构是英国标准协会（BSI）。

④专业标准化组织。是指在特定的专业领域内从事标准化活动，成员

资格面向全世界或某个地理或政治、经济区域范围内的机构和个人开放的标准化组织。比较熟悉的有电气和电子工程师学会（IEEE）。

（七）技术委员会

《标准化工作指南　第1部分：标准化和相关活动的通用术语》（GB/T 20000.1—2014）对技术委员会的定义为：在特定专业领域内，从事标准的编制等工作的标准化技术组织。

除了技术委员会，还有分技术委员会和起草工作组。分技术委员会的定义为：在技术委员会内设置的负责某一分支领域标准的编制等工作的标准化技术组织。起草工作组的定义为：在技术委员会或分技术委员会内设立的、实际起草标准文本的非常设的标准化技术组织。

技术委员会有七项功能：

①确立工作范围和工作规划；

②设立和管理分委员会、起草工作组；

③组织标准编制工作；

④对口国际标准化工作；

⑤联络关系的建立与管理；

⑥成员的管理和培训；

⑦组织召开会议。

全国文化馆标准化技术委员会（SAC/TC390）是在文化馆专业领域内从事标准编制等各项工作的标准化技术组织。

（八）标准化领域和目的

标准化领域：是指一组相关的标准化对象，比如文化、旅游、农业、冶金运输等，都是标准化领域。

标准化的目的：标准化的总体目的是"获得最佳秩序，促进共同效益"；具体到每一项标准化，其特定目的是可用性、兼容性，保证安全、保障健康，促进相互理解。

（九）标准的分类

（1）根据范围进行划分，分为国际标准、区域标准、国家标准、行业标准、地方标准、团体标准、企业标准。

比较熟悉的国际标准有三大国际标准组织制定发布的 ISO 标准、IEC 标准、ITU-T 建议书等。国际标准发布后，在世界范围内适用，作为世界各国贸易、交流和技术合作的基本准则。区域标准有如欧洲标准化委员会（CEN）发布的欧洲标准（EN）等。国家标准是由国家标准机构通过并公开发布的标准，在我国是由国家标准化管理委员会（SAC）发布的。中国推荐性国家标准的代号是 GB/T，比如文化馆领域的国家标准 GB/T 32939—2016《文化馆服务标准》。我国行业标准是由政府有关部门制定发布，即需经国务院标准化行政主管部门审查确定，并统一给予行业标准代号，比如文化行业的标准代号是 WH。我国地方标准是由省、自治区、直辖市标准化行政主管部门统一编制、审批、编号和发布的标准。我国地方标准的统一代号为"DB"，每个地方标准的代号为在"DB"后加上各地方行政区划代码的前两位数，比如 DB33 是浙江省地方标准的代号，如《文化馆服务规范》（DB33/T 2080—2017）、《县级文化馆总分馆制管理服务规范》（DB33/T 2263—2020）。我国团体标准由依法成立的社会团体制定，团体标准的统一代号为"T"，每个团体标准代号为在"T"后加上"/团体代号"。

（2）根据领域进行划分，可以分为食品标准、农业标准、化工标准、信息技术标准、工程建设标准等。

（3）根据对象进行划分，可以分为产品标准、过程标准、服务标准。

（4）根据目的进行划分，可以分为基础标准、技术标准、安全标准、卫生标准、环保标准等。

（5）根据功能进行划分，可以分为术语标准、符号标准、分类标准、试验标准、规范标准、规程标准、指南标准。

（6）根据广度进行划分，可以分为通用标准、专用标准。

（十）我国的国家标准体系

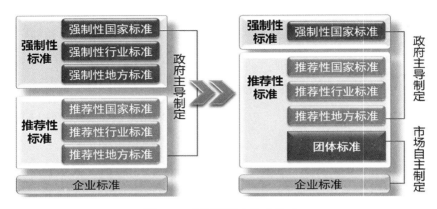

图 8-1　我国的国家标准体系

近年来我国在标准化领域开展了一系列的改革工作，在这一过程中，我国的国家标准体系也由政府主导制定的标准体系转变为政府主导制定和市场自主制定这两种新型标准构成的标准体系。

新型标准体系中政府主导制定的标准由之前六类整合精简为现在的四类：强制性国家标准、推荐性国家标准、推荐性行业标准、推荐性地方标准；由市场自主制定的标准就是团体标准和企业标准。

政府主导制定的标准侧重于保基本，市场自主制定的标准侧重于提高竞争力，同时还要建立完善与这种新型标准体系配套的标准化管理体制。

二、我国标准化运行体系

（一）标准化法律法规体系

国务院标准化行政主管部门制定的标准化规章有《国家标准管理办法》《采用国际标准管理办法》《全国专业标准化技术委员会管理办法》等。

国务院组成部门制定的标准化规章为行业标准化管理办法，如《文化行业标准化工作管理办法（暂行）》《海洋标准化管理办法》《民用航空标准化管理规定》等。

地方标准化法规和规章有《浙江省标准化管理条例》《辽宁省地方标准管理办法》等。

其他涉及标准化事项的法律法规，有《中华人民共和国农业法》《中华人民共和国环境保护法》《中华人民共和国食品安全法》等。

（二）我国不同标准化层次的标准化机构

第一层：国务院标准化行政主管部门，也就是国家标准化管理委员会，负责统一管理全国标准化工作。

第二层：国务院组成部门分工管理本部门、本行业的标准化工作。比如文化和旅游部分工管理文化和旅游部门的标准化工作和行业标准的制定工作。

第三层：地方标准化行政主管部门和有关行政主管部门，也就是各省、自治区、直辖市以及其下属的市、县的标准化行政主管部门和有关行政主管部门统一和分工管理本行政区域内及区域内本行业的标准化工作。

第四层：社会团体，指的是学会、协会、商会、联合会等社会团体协调相关市场主体共同制定满足市场需要的团体标准。

（三）标准化机构内的技术组织

相应的标准化机构内的技术组织也有 4 个层面：

国家层面，有全国专业标准化技术委员会或技术委员会下设分技术委员会。

行业层面，主要是行业标准化技术委员会，如国家林草局主管的草原行业标准化技术委员会。

地方层面，有各省级地方标准化技术委员会，如浙江省市场监管局作为标准化行政主管部门，主管本省地方专业标准化技术委员会。

团体层面，是指社会团体内标准化技术委员会，如中国社会福利与养老服务协会团体标准化技术委员会。

三、文化行业标准化基本情况

（一）文化领域标准化组织情况

文化领域目前有 8 个标准化技术委员会是全国性的标准化技术委员会，涵盖剧场、图书馆、文化馆、网络文化、文化娱乐场所、社会艺术水平考级服务、文化艺术资源、动漫游戏产业等。全国文化馆标准化技术委员会编号是 SAC/TC390，专业范围是文化馆技术、服务和管理等领域，秘书处承担单位是中国文化馆协会。

（二）文化领域现行国家标准情况

文化领域现行国家标准情况，根据归口情况，目前归口全国图书馆标准化技术委员会的国家标准有 16 个，归口文化馆标委会的国家标准有 3 个（2 项发布、1 项在研，还有很大的发展空间，在对标准体系进行梳理之后，文化馆标准化技术委员会近期有拟制定国家标准的规划）。

（三）文化领域现行行业标准情况

文化领域现行行业标准，根据归口情况，目前归口图书馆标准化技术委员会的行业标准比较多，有 38 个；文化馆标准化技术委员会目前还没有归口管理的行业标准，但文化馆标准化技术委员会近期的规划中有大量的行业标准拟制定。

四、文化馆标准化情况和问题分析

（一）文化馆标准化问卷调查情况

中国标准化研究院对文化馆标准化情况进行了问卷调查。根据收回的调查问卷统计情况，参与调查者来自全国 11 个省（市、自治区），覆盖了省、市、县各级文化馆；从问卷反馈情况看，湖北省反馈的情况比例占到了 50.28%。

（二）文化馆领域标准应用情况

从调查问卷反馈的文化馆领域标准应用情况分析，在现行标准的应用方面，国家标准《文化馆服务标准》应用比例达到 83.8%，是应用最广泛的一个标准；《文化馆服务规范》《文化馆建设标准》《文化馆总分馆服务体系管理规范》这三项标准的应用情况也分别达到了 59.78%、59.22%、55.87%；其他标准应用情况占比比较高一些的，还有《县级文化馆总分管制管理服务规范》《文化馆建筑设计规范》《文化馆建设用地指标》。

（三）文化馆领域标准需求情况

1. 问题概述

从调查问卷的标准需求统计情况来看，首先是文化馆建设方面，对基础设施的标准需求达到 76.97%，对设置布局的标准需求达到 73.6%，对空间规划的标准需求达到 64.04%，对建设技术的标准需求达到 61.24%。

在文化馆管理方面，对业务管理的标准需求达到 79.21%，对设备设施管理的标准需求达到 75.28%，对组织管理的标准需求达到 69.66%，对评估管理的标准需求达到 66.29%，对管理技术的标准需求达到 60.67%。

2. 标准需求

通过对问卷结果的整理分析，梳理出不同领域的标准需求方向，比如：①在文化馆建设领域，有对基层公共文化场馆建设的标准需求；②在文化馆管理领域，有对文化馆设备设施配置的标准需求；③在群众文化活动组织领域，标准需求方向比较多一些，有群众文化活动组织开展标准规范、群众文化活动演出组织管理规范、群众文化活动展览组织管理规范等；④在艺术普及领域，有对艺术普及培训管理办法的标准需求；⑤在基层业务骨干辅导培训领域，有对业务骨干辅导培训基本流程、业务骨干辅导培训业务技能要求的标准需求；⑥在数字化建设领域，有对数字文化馆运行标准、数字化服务设备及文化设施设备标准的需求方向；⑦在民族民间（非物质）文化遗产保护与传承领域，有对非遗陈列馆建设标准、非遗项目及传承人认定及评级标准、非物质文化遗产传承保护管理规范标准、非遗资料采集标准的需求方向；⑧在文化馆志愿者服务领域，对于标准需求方向也比较多，有对文化志愿者业务技能等级认定办法、文化志愿者综合素质标准、文化志愿者服务规范等的标准需求；⑨在其他领域，有文化馆服务效能评估、文化馆从业人员绩效评估等标准需求。

（四）文化馆领域标准化问题分析

根据前面问卷调查的总体情况，对文化馆领域标准化问题的分析如下：

一是管理机制有待完善。标准化技术组织的过程管理措施和制度有待加强。

二是标准化意识淡薄。文化馆行业对于标准化工作的重视程度还有待加强。

三是标准化基础知识有待加强。文化馆行业对于标准化知识的了解和掌握的水平都有待提高。

四是标准化工作经费缺乏。这也是一个普遍的现象，急需加强对标准化经费的投入。

五是标准宣贯执行有待深入。需要建立现行标准的宣贯推广机制。

五、文化馆服务标准体系建设思路

（一）文化馆服务标准体系建设原则

在文化馆服务标准体系建设的过程中，主要遵循了五项原则，包括重点突出、科学先进、实际适用、系统配套、适度的前瞻性。

（二）文化馆服务标准体系总体结构

文化馆服务标准体系总体结构是在相关的法律法规、政策文件和方针目标的指导之下确定。文化馆服务标准体系第一层框架主要有 3 个体系：JC100 服务通用基础标准体系，TG200 服务提供标准体系，BZ300 服务保障标准体系。

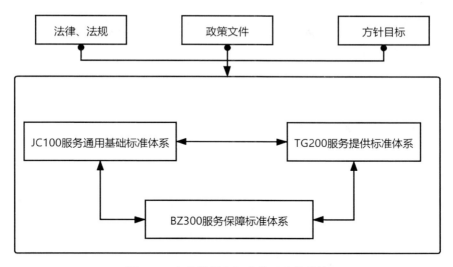

图 8-2　文化馆服务标准体系总体结构

（三）文化馆服务标准业务模型

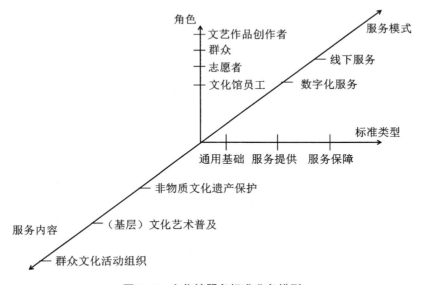

图 8-3　文化馆服务标准业务模型

文化馆服务标准主要有 4 个维度的划分：

①从标准类型维度划分，有通用基础、服务提供、服务保障类。

②从服务内容维度划分，有群众文化活动组织、（基层）文化艺术普及、非物质文化遗产保护。

③从服务模式维度划分，既有线下服务，又有数字化服务。

④从角色维度划分，有文艺作品创作者、群众、志愿者、文化馆员工。

（四）文化馆服务标准体系框架

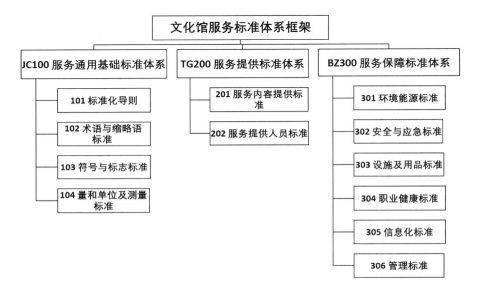

图 8-4　文化馆服务标准体系框架

目前文化馆服务标准体系框架主要有两层：

第一层是由 3 个大类分别形成的 3 个子体系，即 JC100 代表的服务通用基础标准体系、TG200 代表的服务提供标准体系、BZ300 代表的服务保障标准体系。

第二层框架主要是由 12 个小类组成，分别是在 JC100 下的 4 个小类，TG200 下的 2 个小类和 BZ300 下的 6 个小类。101 代表的是标准化导则类标准，102 代表的是术语与缩略语类标准，103 代表的是符号与标志类标准，104 代表的是量和单位及测量类标准，201 代表的是服务内容提供类标准，202 代表的是服务提供人员的标准，301 代表环境能源类标准，302 代表安全与应急类标准，303 代表设施及用品类标准，304 代表职业健康类标准，305 代表信息化类标准，306 代表管理类标准。

（五）文化馆服务标准体系建设明细统计表

在文化馆服务标准体系建设过程中，对各种标准明细进行了梳理分析。目前统计的标准明细，按照已有标准、拟制定标准、在研标准划分。

在 JC100 服务通用基础类标准体系中，已有的国标、行标、地标有 14 项，拟制定的国标、行标有 7 项；在 TG200 服务提供标准体系中，已有的国标、行标有 8 项，拟制定的国标、行标有 29 项；在 BZ300 服务保障标准体系中，已有的国标、行标达到了 44 项，拟制定的国标、行标有 19 项，而且在此体系中还有两项在研的国家标准。

（六）公共文化服务体系与标准体系的关系

在党的十六大之后，政府文件开始将公益性文化事业表述为公共文化服务体系，公共文化服务体系是各种公益性的文化机构和服务的一个总称。文化馆标准体系是标准体系在文化馆专业领域的一种应用，标准体系是公共文化服务体系规范化建设、运行、实施的重要技术手段。

2021 年 3 月，文化和旅游部、国家发改委、财政部三部委联合印发《关于推动公共文化服务高质量发展的意见》，其中主要任务的第一条就提出"深入推进公共文化服务标准化建设""全面落实国家基本公共服务标准"。近年来国家在标准化层面越来越重视，在标准化业内也有一种声音"标准化的春天来了"，现在可以说文化馆行业的标准化的春天也来了，标准化将助推文化馆事业的高质量发展。

**专家点评**

主持人：

谢谢张老师！刚才的分享内容丰富翔实，对文化馆标准化的现状、问题做了细致的分析，还探讨了下一步文化馆服务标准体系建设的思路。接下来有请周莉主任进行点评。

周莉：

一、对文化馆服务标准体系的点评

标准体系是为标准的制修订和实施进行规划并提供依据，既是标准化的顶层设计工作，又是标准化的前期基本建设工作。根据 GB/T 13016—2018《标准体系构建原则和要求》，标准体系是"一定范围内的标准按其内在联系形成的科学的有机整体"，标准体系表是"一种标准体系模型，通常包括标准体系结构图、标准明细表，还可以包括标准统计表和编制说明"。文化馆服务标准体系表是依据文化馆服务标准体系结构，根据标准的属性、标准间相互关系，按照特定的格式和顺序，将已经发布、正在制定和未来需要制定的标准进行排列而成。文化馆服务标准明细表尽可能详细列出组成标准体系的所有标准，作为文化馆服务标准策划、研究、立项、制定、实施的基础性文件，为将来制定文化馆服务标准，完善文化馆服务标准体系提供指导和依据。

当前构建的文化馆服务标准体系主要遵循了以下 4 个方面原则：

（一）坚持系统性原则

全面考虑文化馆服务标准体系的整体性、全面性和关联性，分 4 个维度来分析构建标准体系的结构要素。横向轴为文化馆服务标准体系的标准类别，即通用基础类标准、服务提供类标准和服务保障类标准；竖向轴为文化馆服务标准面向的主题角色，包括文艺作品创作者、群众、志愿者和文化馆员工等；另外两轴分别为服务模式和服务内容，服务模式包括数字化服务和线下服务，服务内容包括群众文化活动组织、文化艺术知识普及、基层文化骨干辅导、文化艺术教育培训以及非物质文化遗产保护等5个文化服务类别。这样构建的文化馆服务标准体系全面覆盖了标准类别、主题角色、服务模式和服务内容等主要要素。

（二）坚持适用性原则

构建的文化馆服务标准体系要为文化馆服务标准化工作提供基本依据，发挥基础性支撑和指导作用，为文化馆服务标准化工作科学、高效的开展提供保障，因此，标准体系的构建要体现文化馆服务的特色，注重标准的适用性和可操作性，满足文化馆服务的实际标准化业务需求，坚持为我所用、符合实际、发挥效果，标准体系表也要做到简捷清晰、便于查找、易于使用。

（三）坚持重点突出原则

文化馆服务标准体系的构建，要着力推进对文化馆服务体系发展全局有重大影响的重点领域的标准化工作，选取关注度高、标准化需求迫切、服务问题突出、影响较为广泛的领域优先制定标准，可以本着"重点突出、急用先行"的导向，以文化馆服务建设的主要业务为重点，突出文化馆服务通用基础、服务提供及服务保障的发展方向，优先制定文化馆服务体系发展急需的关键技术标准。

（四）坚持兼容性和开放性原则

构建的文化馆服务标准体系不是一成不变的，而应是动态变化的体系，随着文化馆服务体系的建设和发展，标准体系中标准的相关指标和数量会产生变化。因此，应坚持兼容性和开放性原则，在标准体系中适当留出发展空间，同时，用发展的眼光适度制定具有一定前瞻性的标准，引导文化馆服务工作发展，发挥标准的引领作用，同时根据发展变化对文化馆服务标准体系不断进行完善。

在遵循上述原则的基础上，构建的文化馆服务标准体系应用了系统工程原理和系统分析的方法，结合文化馆服务体系建设发展的需求和方向，将文化馆服务标准按照标准化对象及性质分为3个类别，分别为通用基础标准、服务提供标准和服务保障标准，内容涵盖国家标准委、文化和旅游部、相关地方等发布的国家、行业、地方标准，每个标准类别和标准层次相互独立，又逻辑自洽，体现了文化馆服务标准体系的顶层设计和标准化发展规划。

以上是对构建的文化馆服务标准体系建设的总体点评，接下来，针对如何开展文化馆服务标准化工作提几点实施建议。

二、对开展文化馆服务标准化工作的实施建议

文化馆服务标准体系的建立，旨在为文化馆服务标准化工作的有序开展提供统筹规划、实施路线和实施方法，但建立标准体系不是最终目的。标准化工作的重点在于标准化的"化"字，因此，要从推动标准体系顶层设计落地、加强重点标准研制、建立标准化协调工作机制和标准化长效机制等方面推动文化馆服务标准化工作实施。

（一）落实文化馆服务标准体系建设，推动顶层设计落地实施

从标准体系的建立可以清楚地看出国家、行业或地区标准的全貌，指导标准制定计划的编制，为开展文化馆服务标准化活动提供总体蓝图，对于指导和推动文化馆服务标准化工作可持续发展具有重要意义。

全国文化馆标准化技术委员会应加强标准化顶层设计，对文化馆服务体系建设工作进行系统分析，识别和管理相关关联和相互作用的因素，推动文化馆服务标准体系构建和落地。在已研制标准基础上，以需求为导向，查漏补缺，加快完善文化馆服务标准体系建设。主要工作包括：①进一步确认文化馆服务标准体系结构，做到内容覆盖全面，反映业务需求，具备

引领效果，体现文化馆服务行业特色；②梳理并及时更新标准明细表，保证标准的有效性和时效性；③基于文化馆服务标准化需求，提出未来时期内建议制定的标准项目，并且按照急用先行、分步实施的原则，明确每项标准的制定计划，提高标准实施的计划性和时序性。

坚持社会关注、行业急需的基本思路，在标准体系的建立指导下，通过加大基础研究、管理实践和工作经验积累、国外相关经验借鉴的方式，重点推进群众文化活动组织、文化艺术知识普及、基层文化骨干辅导、文化艺术教育培训以及非物质文化遗产保护等重点领域标准的制修订工作，形成一批对文化馆服务体系建设有重大促进的标准规范，进一步推动文化馆服务行业的规范化水平，提升行业治理体系和治理能力现代化。同时，可以精选部分有基础、有优势的标准，适时提出制定国家标准。积极引导和鼓励科研单位和地方文化馆参与、承担文化馆服务标准的制修订工作。

（二）加快急需、重点标准制定，规范标准制定流程

在标准制定的实施计划上，面向当前亟须重点开展的标准化领域，从行业整体和各分领域角度，全面考虑文化馆服务各个环节，按照基础优先、急用先行、有序推进、相互协调、逐步完善的原则，从服务模式、服务内容、服务角色等多维度，围绕文化馆服务重点领域的标准化实际需求，合理组织开展文化馆服务标准制定工作。考虑到标准实施应用范围不同，发挥的标准化效果不同，结合实际工作进展和成效，要合理提出地方标准、行业标准和国家标准的研制需求，必要时，可以甄选一部分市场化程度高、技术创新活跃的领域，开展团体标准试点。

在标准制定顺序层面，建议：对于通用基础标准应优先制定，以便尽快完善标准化工作基础；对于服务提供标准应考虑群众文化活动组织、文化艺术知识普及、基层文化骨干辅导、文化艺术教育培训以及非物质文化遗产保护等重点领域的工作进展需求，按需制定；对于服务保障标准，应根据文化馆服务体系整体建设进展需要，有序制定。在这样的总体思路下，确定文化馆标准化工作的实施计划。

在标准制定程序方面，应建立配套的标准制修订管理制度，明确标准立项—起草—征求意见—审查—报批—发布等各阶段的工作要求，确保标准制修订符合标准制定的相关要求，提高标准的质量。

（三）建立标准化协调工作机制，形成多部门协同管理格局

要将标准化发展纳入文化馆服务发展规划和政策体系，大力推进标准化工作。根据工作实际，明确任务目标和责任分工，注重协调配合，确保文化馆服务体系创建工作顺利实施。在文化馆服务标准化建设过程中，对于一些跨部门、跨领域的标准化问题，应建立标准化协调机制，形成多部门协同管理格局。在文化馆服务标准化建设过程中，要充分发挥企业和科研院所的主体作用，行业协会等组织的桥梁纽带作用，构建政府统筹组织、部门分工协作、主体有效作为、社会广泛参与的标准化工作格局。

此外，还要注意加强公共文化政策引导，营造文化馆服务标准化氛围。一方面，推进政策贯彻落实，深入学习《加大力度推动社会领域公共服务补短板强弱项提质量　促进形成强大国内市场的行动方案》《服务业质量提升专项行动方案》《服务业创新发展大纲（2017—2025年）》《文化标准化中长期发展规划（2007—2020）》等文件中提出的文化馆服务体系建设的目标、总体要求以及对文化馆服务标准化建设的要求，并加以贯彻落实；另一方面，加快文化馆服务标准化相关配套规章制度制定，夯实标准化政策支撑基础，加强政策支持力度，在政策文件中进一步明确文化馆服务标准制定和实施中有关各方的权利、义务和责任，以及支持补助政策，完善支持标准化发展的政策保障体系。

（四）加强标准化的"化"字，建立标准化长效机制

标准化工作的重点在于标准化的"化"字，即通过标准体系表的全面组织实施，为推动文化馆服务体系建设夯实基础，提供重要的标准化技术支撑。为此，需要强化标准化宣贯实施，注重标准化监督评价与复审，建

立标准化长效工作机制。

要全面加强文化馆服务标准的宣贯培训，积极开展标准化宣传活动，向各级文化馆、企事业单位、社会团体等宣传标准体系建设和新颁布实施的标准，加强标准的解读和宣贯培训。可以通过网络、报纸、杂志等媒体宣传报道文化馆服务标准化工作成果，提升社会影响力，提高标准化意识。通过内部培训与外部培训相结合、现场培训与网络培训相结合的方式，从高层单位到基层单位，从主管部门、行业专家到从业人员，建立立体化、形式多样、覆盖广泛的宣贯网络，使标准宣贯具体到每一个岗位，深入每一个层次。标准的宣贯工作不仅包括标准文本本身，还应包括标准的编制说明，使得标准使用者不仅了解标准文本中规定的内容，还了解本标准编制说明中标准制定背景、制定依据等内容，以利于标准的贯彻执行，提升标准化工作成效。

要建立健全标准化实施监督和评估机制，跟踪掌握标准的实施情况。文化馆服务标准体系是动态发展的，标准体系结构及标准明细表会随着管理技术的进步和服务业务范围的扩展而不断发展、变化。在实施标准的过程中，要做好各项记录，并将各环节形成的数据和有关情况及时反馈到标准实施的组织协调部门，以便及时调整和改进标准实施工作。当发现标准中存在不完整等问题时，应及时向标准批准发布部门反馈情况。实施标准的各个环节是否满足标准要求以及标准实施效果如何，需要进行综合评价。评价的目的是进一步改进标准实施工作。同时，根据行业发展和经济社会需要，定期组织对已发布的标准进行复审、评估，标准的复审周期一般不超过5年。复审工作完成后，对标准提出继续有效、修订或废止的建议。通过建立文化馆服务标准制定、实施、监督评价与复审的循环改进的工作机制，为规范推进文化馆服务标准化工作提供全过程实施保障。

以上是对文化馆服务标准化工作实施的几个方面建议，希望通过文化馆服务标准体系的全面组织实施，发挥好标准的协调规范、资源共享、业务协同的作用。谢谢大家！

 **互动交流**

主持人：

谢谢周主任对文化馆服务标准体系建设的点评！周主任以标准化的"化"字为落脚点，对开展文化馆服务标准工作的实施在顶层设计、机制建立、当前重点等方面提出了切实的建议。下面，我将邀请陈艳平副秘书长与周主任一起，和大家进行互动交流。

刚才张艳琦老师和周莉主任就文化馆标准化情况和问题进行了具体的讲解，据我所知，为进一步推动行业标准建设，2021 年 2 月，全国文化馆标准化技术委员会面向全社会开展了 2021 年文化馆领域国家标准、行业标准制修订计划项目的征集。

陈老师，前面张艳琦老师介绍了文化馆标准化情况和问题，在这里想再请你具体介绍一下目前文化馆领域已发布的标准，以及对于想要申报文化馆领域国家标准、行业标准的单位来说，标准申报和编制的流程是怎样的。

陈艳平：

主持人好！大家好！

全国文化馆标准化技术委员会负责国家标准、行业标准申报管理工作，秘书处承担单位 2018 年调整为中国文化馆协会。它的主管部门是国家标准化管理委员会，业务指导单位是文化和旅游部。除了刚才张艳琦老师介绍的剧场、图书馆、文化馆、网络文化、娱乐场所、社会艺术水平考级服务、文化艺术资源、动漫游戏产业标准化技术委员会外，文旅融合后旅游标准化技术委员会也纳入文化和旅游部标准化技术委员会范围内，此外剧场标准化技术委员会下面还设有舞台机械分技术委员会，在此做一下补充。

一、目前文化馆领域标准情况

（一）国家标准

目前，国家标准有 3 项归口在文化馆标准化技术委员会，包括《文化馆服务标准》、《乡镇综合文化站服务标准》和《数字文化馆资源和技术基本要求》。前两项标准已经发布；后一项还在编制中，前面第三讲罗云川主任也介绍到了该项标准的进展情况。

（二）行业标准

目前文化馆标准化技术委员会还没有归口管理的行业标准，仅有《文化馆建筑设计规范》和《镇（乡）村文化中心建筑设计规范》两项文化馆领域行业标准发布，但是这两项标准都是由住房和城乡建设部发布的。2021 年我们征集到了多项标准，拟申报立项为行业标准，包括：《文化馆业务规范》省、市、县三级系列标准，由中国文化馆协会牵头申报；《文化馆大数据采集规范》，由文化和旅游部全国公共文化发展中心牵头申报；《文化馆年报编制与公开指南》和《文化馆志愿服务指南》，由广东省文化馆牵头申报；《全民艺术普及慕课建设规范》，由北京文化艺术活动中心牵头申报。此外还有关于多点协作、大数据标签、乡村"村晚"以及乡村文化驿站建设等标准申报。

近期文化馆标准化技术委员会将组织评审，希望通过本次行业标准的申报立项弥补文化馆领域行业标准的空白。

（三）地方标准

地方标准相对丰富一些，比如浙江制定了《文化馆服务规范》《乡镇（街道）综合文化站服务规范》，内蒙古制定了《苏木乡镇综合文化站建设规范》，浙江省、惠州市、张家港市都分别制定了文化馆总分馆建设相关的标准，宁波市制定了《"一人一艺"全民艺术普及规范》，东营市制定了《东营市数字文化广场建设和服务规范》。目前我们掌握的地方标准还不够全面，欢迎已经发布地方标准的文化馆能够和我们联系，便于我们了解全国文化馆地方标准总体情况和收集地方标准。

可以说文化馆领域标准建设现在还有很大的空缺，希望各级文化馆、高等院校和研究机构积极加入文化馆标准的研究制定当中，用标准来规范文化馆技术、管理、服务的方方面面。

二、标准申报和编制流程

（一）标准的申报流程

国家标准是由国家标准化管理委员会发布，文化和旅游行业标准是由文化和旅游部发布，地方标准是由地方市场监督管理局发布。

文化馆标准化技术委员会主要负责组织管理文化馆领域国家标准和行业标准的申报。每年第一季度文化和旅游部会发布征集当年国家标准和行业标准的公告。据我们了解，近几年国家标准立项审批难度越来越大，未来一段时间我们将会以行业标准制定为主，这是目前标准制定的总体方向。

国家标准的申报要遵循《国家标准管理办法》以及当年的国家标准立项指南的规定，申报材料主要包括申报函、推荐性国家标准项目建议书、标准草案。行业标准的申报材料主要包括申报函、文化和旅游部行业标准项目建议书、标准草案、参编说明和预研材料，其中参编说明和预研材料是 2021 年开始要求的。

为了确保标准的广泛性和普适性，一个标准的编写通常由牵头申报单位和多家参与起草单位共同组成起草组，按照标准编制要求编写，并需要广泛征求意见。

无论是国家标准还是行业标准，各申报单位都是先将申报材料报到文化馆标准化技术委员会，由其组织评审后，报到文化和旅游部，文化和旅游部再组织评审。对于行业标准来说，文化和旅游部直接确定是否立项；对于国家标准需要再报国家标准化管理委员会，由国家标准化管理委员会确定是否立项。

确定立项的，文化和旅游部或国家标准化管理委员会给予一定经费补贴。

（二）标准的编制流程

标准立项后，起草组就要正式开始对申报时编制的草案稿进行修改完善，分别要完成标准征求意见稿、标准送审稿、标准报批稿至少 3 个阶段性标准文稿，也就是起草组需要分别根据广泛征求的意见、文化馆标准化技术委员会技术审查意见等修改完善，最终报送到文化和旅游部、国家标准化管理委员会，确认是否可以结项出版。

关于文化馆领域已发布的标准以及标准的申报、编制流程就是这样，谢谢主持人！

主持人：

周主任好！目前已经有些文化馆申报成功或者准备申报文化馆领域的国家标准、行业标准或地方标准。有网友留言，请您提供一些专业意见：对于各级文化馆来说，如何才能高效、规范地编制标准？

周莉：

对于各级文化馆申报或计划申报文化馆领域的国家标准、行业标准或地方标准，我提几个方面的意见和建议。

对于准备申报文化馆领域标准的单位来说，首先要学习了解文化馆标准体系，了解不同层次的标准面向的主题角色和内容，系统掌握和了解当前文化馆标准化领域现有的标准状况、已经发布标准的技术内容，了解标准的实施应用情况，了解哪些需求可以以标准的形式展现，提出的标准要与现有标准体系不产生交叉、重叠和矛盾，体现标准化的实际应用场景。对于已经申报成功的，也需要加强标准文件学习。一方面掌握要制定的标准和已经发布的标准的关系，包括已发布的国家标准、行业标准和地方标准，适当引用已有标准，与已有标准保存协调一致；另一方面，要加强有关标准编制方法的学习，系统掌握标准文本编制的要求，提高标准编制的质量。

其次，要参加相关的培训班，系统学习了解文化馆标准化发展现状、行业发展趋势和存在的标准化需求，学习了解文化馆标准化相关基础知识，包括标准化基础知识和标准编制方法，掌握标准编制原则、要求和规则，以便应用于标准预研和标准内容编写，通过专门培训强化标准化专业知识，提高标准化专业水平。

再次，还可以与专业机构建立合作，必要的时候，与专业机构建立合作关系，借助专业力量，提升标准技术内容和文本的规范性，同时更好地推动标准宣贯和实施应用，也为标准具体的实施过程提供专业技术支撑，解决好标准化的落地问题。

最后，对于要开展文化馆服务标准制定工作来说，有几个方面的具体建议：一是标准的提出一定要来源于业务需求，符合政策的导向，与建立的标准体系和已有标准相互协调。二是标准制定要文本规范、过程规范。文本规范说的是文本内容要符合 GB/T 1.1 的相关要求；过程规范说的是标准的制定过程要符合要求，要在起草组达成一致，并面向社会和相关方征求意见，协调一致形成，必要时可以组织开展标准试点，通过试点，验证和完善标准技术内容。三是标准参与单位要具有一定代表性，能够引领行业规范发展，在标准编制过程中发挥作用，同时带头实施、应用标准。四是标准完成后要加强宣贯培训，推动标准的实施应用，同时要跟踪掌握标准的实施情况，切实发挥标准的预期作用。

主持人：

谢谢周主任的讲解！希望屏幕前的各位同人经过这一讲的学习，对文化馆标准化建设有更深入的认识，对相关工作的开展有所帮助！

 主持人结束语

今天的直播就到这里，下一讲将于 5 月 19 日下午三点播出，我们将邀请四川师范大学美术学院·书法学院副院长刘传军作为主讲人，西南政法大学政治与公共管理学院研究员、文化馆发展研究院学术委员彭泽明作为主评嘉宾，原四川省文化厅副厅长、文化馆发展研究院学术委员李兆泉和中国文化馆协会副秘书长孟祥也作为互动嘉宾，与大家分享交流"文化馆文创项目开发的现状与困境"。

再次感谢第八讲的三位嘉宾！感谢各位同人、各位网友的关注，我们下期再见！

直播间二维码

第九讲

文化馆文创项目开发的现状与困境

主讲人简介

刘传军，教授，硕士生导师。四川师范大学美术学院·书法学院教授，中国工艺美术协会会员，中国建筑学会室内设计分会会员，日本神户艺术工科大学研究员。在《装饰》《美术观察》《四川戏剧》等核心期刊发表论文多篇，出版专著2部，独立承担或主研国家及省部级课题10余项。指导学生获得国家、省级奖项10余项。

主评嘉宾简介

彭泽明，西南政法大学政治与公共管理学院研究员，硕士生导师。西南政法大学国家文化和旅游研究基地常务副主任，国家文化和旅游公共服

务专家委员会委员，全国公共文化发展
中心文化馆发展研究院学术委员。主要
从事公共文化政策与管理、文化馆政策
与管理研究。出版专著《中国公共文化
百科全书》《中国文化馆（站）发展之
路》。主持国家社科基金项目1项和省
部级各类项目8项。主持项目分别获得
2018年第六届、2020年第七届重庆市
发展研究二等奖、三等奖。

互动嘉宾简介

　　李兆泉，国家文化和旅游公共服务
专家委员会委员，全国公共文化发展中
心文化馆发展研究院学术委员，原四川
省文化厅副厅长、一级巡视员。在职期
间，曾组织完成文化部及四川省交付的
制度设计、文化理论专著编撰及《四川
省图书馆条例》的制定。组织策划了四

川重大题材艺术创作、院团改革、重要文化赛事。作为中组部党政干部考
核题库专家，曾参与国家干部考核题库建设。作为国家文化和旅游公共服
务专家委员会委员，曾参与国家重大文化工程的调研推进及巡视督查工作。

　　孟祥也，中国文化馆协会副秘书长，北京理工大学硕士。长期从事行
业性活动策划组织、人才队伍培育、数字文化建设的理论研究与实践创新
工作，近年来主要策划和承担"新生活·新风尚·新年画——我们的小康
生活"主题美术创作征集展示活动、全国公共文化和旅游产品云上采购大

会、全国文化馆（站）全民艺术普及技
能提升计划等文化品牌项目和活动。曾
参与和承担文化和旅游部"'群星奖'
评奖机制研究""'中国民间文化艺术
之乡'建设管理研究"等课题工作。

 **主持人开场词**

引领文化馆建设，推动高质量发展。

文化馆（站）的各位同人、各位网友，大家好！

欢迎收看"文化馆事业发展的思考与讨论（第二季）"的第九讲。我是本季"讨论"的主持人李亚男。

今天这一讲，要探讨交流的是一个备受行业关注的热点话题："文化馆文创项目开发的现状与困境"。

2016 年，国务院办公厅转发《关于推动文化文物单位文化创意产品开发的若干意见》，从政策上突破，对推动文化文物单位文化创意产品开发做出了全面的部署。该意见指出，深入发掘文化文物单位馆藏文化资源，鼓励和引导社会力量参与，充分运用创意和科技手段，不断满足广大人民群众日益增长、不断升级和个性化的物质和精神文化需求。

"文创开发"对于推动文化馆事业高质量发展具有现实的必要性和重要性。相较于博物馆、美术馆、图书馆等拥有大量静态的馆藏实物资源，文化馆的文化资源则是以动态的活动、培训等为主。文化馆的文创开发，必然要探寻一条紧紧围绕自身职能和充分利用自身优势的不同道路。

2020 年以来，全国公共文化发展中心与社会力量深度合作，大力推进"全民艺术普及文创中心"建设，打造以数字资源、艺术培训、非遗文创等为重点的全民艺术普及文创产品开发及推广运营体系，引领文化馆服务的新模式和新业态。在各地，一些文化馆也率先推动改革创新，结合自身实际，加强资源整合、开放与共享，发挥各类市场主体作用，促进跨界融合，采取多种方式积极探索文化馆文创开发项目，取得了较好的经验、成果。

下面，让我们聚焦本期主题，首先邀请四川师范大学美术学院·书法学院副院长刘传军教授为大家分享相关的研究。

 **讲稿精粹**

各位文化馆的同人和全国网友，大家好！感谢文化和旅游部全国公共文化发展中心、中国文化馆协会提供的宝贵机会，非常高兴和大家一起交流探讨有关文化馆文创项目开发的话题。

目前风靡全国、成为经济增长热点和引领大众品质化生活的文创产业，在国家的政策指引与扶持之下，已有了十余年的高速发展。回顾这些年来的文创发展历程，自 2007 年党的十七大将深化文化体制改革、完善扶持公益性文化事业、发展文化产业、鼓励文化创新的政策作为"推进文化创新，增强文化发展活力"的总体布局以来，文创事业发展势头强劲，呈现蓬勃发展的态势。

作为基层文化传播与保护机构的文化馆，有无开发文创项目的必然性与可行性呢？目前有没有成功的文化馆文创案例可供借鉴呢？文化馆未来文创之路的前景如何？与博物馆、美术馆以及文创企业、设计类高校的文创输出相比较，文化馆文创开发又面临哪些机遇与挑战？这些问题，都是摆在新时代文化馆人面前的重要课题。

基于这样的思考，今天紧紧围绕文化馆文创开发这一主题，来谈一谈文化馆文创项目开发的现状与策略。主要从文化馆为什么要做文创项目、文化馆文创项目的内容、实现路径的探索以及文化馆文创开发的困境四个方面来和大家进行交流探讨。

一、文化馆为什么要做文创项目？

（一）扩大全民艺术普及的影响力

作为群众文化服务的龙头单位，文化馆在我国文化普及推广领域的定位，决定了其在全民艺术普及当中的地位与影响力。文化馆覆盖面广，社会性强，影响力大，联系群众广泛，虽在不同时期有着不同的服务侧重点，但基本职能与特征却有着一以贯之的恒定性。文创的介入正好可以为艺术普及工作提供新的输出方式，并持续扩大文化馆在艺术普及工作中的影响力。

（二）传承发展优秀传统文化需要新的载体

传承发展优秀传统文化需要新的载体，文创正好契合时代的发展。传统文化的范畴很宽泛，既包括物质文化，也包含非物质文化，内容丰富。但其中许多项目，尤其是非遗，在现代文明的冲击下，与人们的现行生活渐行渐远。若文化保护仅仅止步于保护本身，长此以往，这样输血性保护并不能重新激活其内在活力。而文创是基于传统文化的创造性活动，并在其基础之上做出新的突破，进行创造性转化与创新性发展。文创不仅仅是传承与保护，更是作为符合时代发展需要的文化载体，使传统文化焕发时代的生命力。

（三）培育和促进文化消费

党的十九大报告指出：要推动文化产业发展，创新生产经营机制，完善文化经济政策，培养新型文化业态。从文化馆的现有格局与未来发展趋势来看，文化馆势必需要改变文创工作的现有格局，以期更快更好地发展。

长期以来，公共文化服务和文化产业一直是我国文化建设的重要两翼，但大家普遍认为前者属于公益性文化机构的主要职能，后者是经营性文化企业的主营业务。因此，文化馆要发展文创产业，面临着一系列来自外部政策环境、内部体制机制和从业人员思想观念上的束缚和制约，进展相对缓慢。近年来，随着国民经济和文化建设的不断发展，公共文化服务和文化产业呈现出融合的态势，文化馆开发文化创意产品就是两者很好的结合点。纵观近年来的文创开发之路，博物馆的文创产品设计与开发讨论最为热烈，成果颇丰，为公益文化机构的文创发展之路提供了可供借鉴的一些思路和路径。文化馆也可以突破原有格局，基于自身特色为培养与促进文化消费做出努力。

（四）扩大公共文化服务范围

围绕文化馆的基本职能，我们可以在原有的基础之上，进一步扩大公众文化服务的范围，提升服务的品质，以适应当下群众文化服务的新要求。简单概括起来，其主要职能包括社会宣传教育、公益文化服务、文化艺术普及与民族、民间文化保护等。过去，由于群众对文化服务的需求相对较低，文化馆的服务也针对当时的具体情况做出应对。现在，群众的文化生活有了长足发展，需求的质量、内容以及方式都有了变化。为适应新时代，文化馆也需要深化服务质量，扩大服务外延的丰富性，借助文创项目的开发去提升服务水平和丰富服务质量。文化馆在文创方面有相当丰富且广阔的拓展空间。这些资源的合理使用与开发，可以为文创事业的发展和文化馆自身工作的开展提供更多可能。

二、文化馆文创项目的内容

我们曾走访了一些文化馆的从业人员，发现大家对文创工作的基本认知是非常明确的，也大都认可文创对于文化馆工作尤其是未来工作的重要性，并对此有很高的积极性。目前相关政策的出台，也已经为文化馆文创发展提供了保障，扫清了一些过去制度上的障碍。正如"文化馆高质量发展的思考与讨论（第二季）"首场讲座中白雪华主任所说，要建立全民艺术普及文创中心，以共享工程等形成的数字资源为主体开发数字产品，以多样化、个性化的艺术培训为主体，以非遗产品为主题来开发文创产品。文化馆文创项目的开发，到底有哪些内容？与其他机构相比较，又有哪些特色？我们从以下6个方面来具体分析。

（一）依托民族民间文化（包括非遗）开发文创

作为基层文化事业单位，地方文化馆相对于其他文化机构在民族、民间文化的保护与传承方面有着绝对的优势。首先，由于长期扎根基层文化工作，文化馆拥有各地区文化资源的详尽资料，在民族、民间文化艺术的搜集、整理、挖掘和保护方面也做了长期细致的工作。其次，地方文化馆最为熟悉当地传统文化，作为局内人，他们对当地文化有着相对较高的敏感性，能够详细掌握传承人和文化资源基本发展情况，并且能够深入地进行调查研究。再次，文化馆和当地的群众有着密切的联系，这不仅有利于在当地展开宣传和展示工作，也能够充分调动群众保护发展传统文化的积极性。如成都市的区县级文化馆担负起非遗项目的申报、管理、展示、开发、传播等工作。成都市文化馆曾与非遗中心合署办公，虽然现在已经分开，但仍然保持紧密的合作关系，这也是文化馆文创项目开发的有利条件。

以往，我们对文创产品的界定有一些狭隘，往往认为只有实体的产品才是文创发展的主流方向。也正因为如此，在文创项目的开发上，博物馆、美术馆依托实体藏品进行创意性开发有着先天的优势。而文化馆这样的公益机构，缺乏类似的资源依托，产品开发自然受限。但是，如果我们将"产品"的界限放宽，重新审视文化馆的资源，结合文化馆的基本职能与特点，文化馆文创之路同样有着广阔的、不同于其他公益文化机构的发展前景。

依托传统民族、民间文化，文创可以有多层面的内容。一是运用群众喜闻乐见的文创方式扩大传统文化的认知力。如许多非遗项目，过去并没有系统的文字记载，现在有许多学者加入研究的行列，从历史沿革、技艺流程、美学特征、文化内涵等进行全方位的研究。但学术性的研究毕竟曲高和寡，而要想让保护意识深入群众当中，还需要以民众视角来加以组合、演绎。在如今互联网时代，可以通过视频、摄影、插画、动漫、脱口秀等更多的形式来宣传传统民间文化，内容是原汁原味的，形式却是新颖的，符合当今群众的审美。这些有新意的作品本身也是文创产品。还有像一些地方美食，在当地有很深厚的群众基础，但由于缺乏品牌意识与宣传平台，难以走出地区限制，如果能与优秀的文创团队合作，对美食文化的传承保护将会有很大的提升。

成都市成华区"风雅堂"工艺品有限公司的一些工艺彩塑作品，把川剧艺术、三国文化、休闲文化、美食文化、熊猫形象等结合起来，创作出符合现代审美的时尚工艺品。成华区文化馆与企业之间有着密切的合作，为企业成长提供帮助与服务，争取政策上的扶持。

总之，依托传统文化的保护来开发创造性思维与相关文创项目，是文化馆文创一个重要的方向。

（二）公共空间创意性改造

文化馆、图书馆、博物馆等公共空间是群众进行普及性文化活动的重要场所，其整体氛围的营造对于活动的开展有着至关重要的影响。创意性公共空间的设计不仅要满足人们功能性上的需要，更要文化、空间、人三者结合，实现精神上的诉求。近年来，许多城市的文化馆都意识到了空间创意对于文化传播的重要性。

上海市群众艺术馆 2016 年曾经做过一个名为"市民眼中 100 个上海最美城市空间"的评选活动，并通过图片、文字、视频、宣传册、衍生品等形式，呈现上海城市空间之美与城市建设的成果。活动非常成功，许多创意空间都成为附近居民茶余饭后的谈资，有的还通过网络为更多的人所知晓，成为"网红"圣地。

在成都崇州的竹艺村，为了响应文化和旅游部关于开展传统工艺站"传承人对话"活动的相关要求，由崇州市文化馆参与，中央美术学院城市设计学院与道明竹编合作搭建设计师与非遗传承人跨界合作平台，落实中国传统工艺振兴计划，推动传统工艺功能转型和审美价值提升的项目建设。竹艺村的改造，结合成都平原独有的自然景观，将地方住宅、丘陵、田园风光结合起来，打造出"竹"文化主题的川西林盘景观。

（三）创意性活动

开展群众文化活动是文化馆的工作重点之一。创意性活动涉及的形式很广，内容丰富，既有代表着当下年轻人时尚感的音乐节，也可加入传统民俗元素。

深圳市民中心打造的青少年街舞活动，将"街头艺人"与青少年喜闻乐见的舞蹈形式相结合，成为城市观光体系中象征文化开放和文化繁荣的组成部分。与文化展演相比，青少年街舞更主动地与特定场景融合，更自由地表达自我。环境的改变增强了群众的参与意识，从而建构了文化认同。上海、成都、济南等地也在探索街头艺人的管理模式与服务机制，支持街头艺人进行文化艺术表演，打造城市独特的文化名片。

曾经是群众日常生活组成部分的民俗活动，如今与现代生活渐行渐远。如何让民俗真正回归群众生活，让年轻一代有参与感？如何组织起有创意、有时尚感的当代主题性民俗活动？文化馆不能只简单还原传统活动，更应该设计符合当代人生活体验的创意性环节。最熟悉这些项目的文化馆，如果能够开发设计出民俗活动现代创意方案，再将其落地转化为群众活动，民俗项目的延续性与生命力将极大增强。

同时，这样的文创活动本身又是一个包含其他文创产品的载体，也是线下文化活动的平台。就活动的体量来说，融入更多、更丰富的内容，使活动的不同板块容纳其他文创项目，吸引不同职业、不同年龄、不同爱好的群众加入，可以为群众文化活动注入新鲜活力。

（四）孵化文创项目

由于对各区域文化资源情况比较熟悉，文化馆往往作为牵头单位，参与文创项目的落地与建设，参与孵化优质文创产业项目。

广东省东莞市文化馆利用总分馆平台，积极孵化群众文化活动团队，建立起自身的优势文创团队。如朗读团、民乐团、太极拳社等，将文创与活动嵌入社团活动当中，孵化并形成能够独立参与、自主更新的文创活动团队。

浦东文化馆在孵化特色文创项目方面的经验也值得借鉴，尤其是重视服务内容的特色化，吸引公众广泛参与。这种特色化的最根本的来源就是地方文化。文化馆应充分挖掘与利用地方民族、民间艺术与非遗文化，以文化产品开发及服务的特色化提升品质。

文化馆品质化文创项目的孵化也需要加强互联网应用，这既是适应新时代公众文化需求变化的必然趋势，也是扩大服务覆盖面和适用性的重要举措。互联网文化馆线上服务能够无缝融入微信公众号、抖音、快手等新媒体平台进行推送。

（五）文创课程的开发

全民艺术普及教育本身就是文化馆的一项重要工作。因其通俗性、普及性与公益性的特点，也难免会有一定的思维定式。我个人非常赞同将创新性课程的开发作为文创产品来对待的思路。这不仅可以激活各地群众文化培训，还可以将其中的优质项目作为云课堂的内容，供全国观众学习。在创新性课程开发过程中，还可以建立起由普及性到提高性的分段设置，让群众有更多的选择。而且，创意性文化培训课程的开发还可以发掘基层群众的文创新思路，从而带动文化馆文创产品开发。

举一个美术培训的例子。文化馆的美术培训中，会有国画、版画、油画等不同的课程，或许有条件的文化馆还会开发电脑绘画（CG）项目。无论是什么画种的培训，课程内容往往注重基本绘画技法。但如果结合民间文学，将各地民族、民间文学或其他的文学作品纳入绘画教学的内容，就不仅只是固有的技法传授，而是基于本土文学资源的图像化文创新产品。比如成都就有望娘滩、司马相如与卓文君这样的民间文学故事，若能将其转化成为视觉作品，就是相当独特的文创产品。全国各地都有类似的民间文化资源，若能形成行之有效的创意产出机制，则可以使文创课程的开发、群众文创产品的创作、文创活动的设计形成一个相对完整的文创开发链。

（六）研学旅行

研学旅行近年来逐渐成为群众喜爱的文化活动方式，在形式上亦可多样化，亲子游、青少年主题性研学、老年摄影采风等，都可以成为研学旅行的组织方式。同时，研学的内容亦可结合当地及周边地区的文化特色来打造，将文创意识融入研学当中。

四川曾是 20 世纪 60 年代三线建设的重要区域，在攀枝花、宜宾、泸州等地都还留有当年工业化建设的工业遗产。这些工厂曾经是许多"三线人"生活工作过的地方，对于年轻一代，这里也是他们了解国家发展、建设历史的绝佳场所。攀枝花市专门设立了中国三线建设博物馆，并推行社会教育及研学活动，在城市西区初心园和习风园内，串点连线，策划西区"三线"研学旅游线路。攀枝花中国三线建设博物馆紧扣"三线"文化主题，开发设计、创作和展示"三线"主题的系列文创产品，并采用多元组合方式，在三线建设文化体验活动中设置背水、干打垒、做创业饭等体验活动，让参与人员切身体会到三线建设的艰苦岁月。同时，为了适应市场需求，可以让不同年龄、不同类型的游客，有选择性地参与体验活动，极大地丰富了"三线"研学旅游线路产品开发。

各地文化馆利用区域优势，可以开发各种研学旅行，打造弘扬社会主义核心价值观的主题创意活动。

三、实现路径的探索

（一）依靠社会力量

目前文化馆文创项目的开展尚处于起步阶段，需要借助、依靠社会力量来实现自身的发展。在这方面，文化馆可尝试与博物馆、美术馆等机构联动，主动整合资源，将其文创经验带入文化馆系统，再利用自身群文活动覆盖面广的优势，联合开发文创项目，推广文创活动。也可与学校（包括高校与中小学）和研究机构合作，挖掘文创新思路，尤其将高校创意团队引入文化馆，并结合群众活动，增加活力。还可以探索与当地企业合作的可能性，尝试以适当的商业手段激活文创工作，充分利用文创企业人才、资金、渠道等优势，整合文化馆自身资源，开发公益性和商业性兼顾的文创产品。

我所在的四川师范大学美术学院在全国高校率先提出非遗美育的概念，整合了四川众多非遗资源，学院建立了 10 个非遗大师工作室，在全国率先招收"非遗与文创"方向本科生。学院承办了第七届国际非遗节成都分会场，与四川省非遗中心合作举办傈僳族火草织布技艺传承人群技能培训，与郫都区安靖镇政府签订蜀绣传承合作框架协议。在学院多年的人才培养模式创新和文创项目实践的基础上，目前与成华区文化馆初步达成意向，采用校政企合作模式开展非遗文创产品开发探索，为未来文化馆开发文创项目探索新思路、新方法。

（二）培养研发团队

文化馆自身不乏优秀的文创人才，激活他们的活力，建设培养自己的文创团队，才是文化馆文创项目可持续发展的核心竞争力。在项目前期或许可以优先借助其他社会力量，但在文化馆内部，让有经验又了解文化馆工作特色的同志来指导工作，有利于优质项目的孵化，带动文创事业的快速发展。

（三）打通营销路径

目前文创项目的营销渠道无外乎线下、线上两种，并逐渐倚重于线上方式。营销上除了依靠有特色的文创内容，还需要借力互联网。建议可以先在一些基础设施与群众基础好的城市做试点，再将经验向全国文化馆普及。

成都是我国西部开发最早的地区，是闻名遐迩的历史文化名城之一，有丰富的历史文化资源，也一直都是打造文创产业的先行城市。成都悠久的历史文化传统、深厚的人文底蕴、敢于创新的人文精神，为激发文化创意、发展创意产业奠定了基础，成都的文化创意产业有着鲜明的特点。近几年，在政府的引导下，通过有效整合文化资源优势，加快发展文博、艺术、动漫、音乐、设计、影视传媒等文化产业，成都充分展示了文化创意的发展力。就在 2021 年 3 月，成都市政府还与中央美术学院签订了战略合作协议，双方将在高层次美术人才培养、美术产业生态圈等领域深化合作，其中包括在成都设立传统工艺工作站，推动成都传统工艺振兴和文创产业功能区发展，助力成都非遗文化遗产传承保护与开发利用。这与目前成都市各文化馆的工作有密切关联。成都有较强的文创消费的群众基础，或许可以作为试点来尝试文创的开发。此外，上海、深圳等地，目前也积累了丰富的文创活动开展的经验，亦可作为试点，带动全国文化馆文创事业的发展。

这是一项需要随时总结经验的长期工作，许多具体问题在推进过程中才会暴露出来，我们需要不断探寻解决问题的办法。

四、文化馆文创开发的困境

（一）公益性与文创项目的市场性定位的矛盾

文创与文化馆基本职能之间有着紧密的相关性，却也有着一定的矛盾性。相关性主要体现在文化馆事业的高质量发展，势必引入创意性因素来丰富与提升目前文化馆工作的品质；矛盾性则体现在目前文创工作的开展主要围绕文创产品的开发，其经济性特征极为明确，与文化馆坚持社会效益优先存在一定的矛盾。

文化馆公益服务的特征深入人心，导致即使文化馆的高品质服务收费远低于市场价格，也会面临诸多的问题。尽管政策上并未一刀切，但在实际操作中，一旦跨越公益免费的界限，就容易遭致质疑，这也影响了文化馆人创意性活动的积极性。同样，要改变这一现状，需要政策上的支撑。同时，还要逐步转变群众对文化馆公益服务就不应收取费用的惯性思维，建立起有层次的兼具公益与优惠收费、平衡普及与提高的多元化、阶梯化的服务系统，以激发从业人员的参与性与积极性。

（二）全民艺术普及的传播渠道在新时代略显单一

要做好文创，传播渠道也是非常重要的环节。目前全民艺术普及成为热点话题，无论是公益性机构，还是社会上其他文化企业，均采取线下、线上相结合的模式，传播渠道方式单一，很难形成独具特色、吸引群众眼球的传播方式。

（三）人才队伍建设

人才是发展的第一生产力。目前文化馆行业没有专门的文创人才培养体系。想要解决文化馆文创开发的困境，就需要建立系统化的职业培训并加强文创人才队伍建设。

目前文化馆文创项目开发的话题既是热点又面临许多挑战，怎样突破现有格局，做有益的尝试，是每个文化馆人需要关注的焦点。以上仅是从我个人角度出发，初步探讨文化馆文创项目开发的相关问题，希望专家、学者和广大文化馆的同行多批评指正，提出更好的建议，推动文化馆文创事业的快速发展。谢谢大家！

 **嘉宾点评**

主持人：

谢谢刘教授的精彩讲解！刘教授的报告从文化馆的差异性和鲜明的特点出发，结合数字化、动态化和空间化等创意理念，集中东、中、西部的案例，对文化馆的文创开发进行了具体分析，提出了对策建议。

下面有请西南政法大学政治与公共管理学院研究员、文化馆发展研究院学术委员彭泽明老师对刘教授的报告进行点评。

彭泽明：

今天刘传军教授讲授的"文化馆文创项目开发的现状与策略"这个选题很不好讲，具有一定的创新性和挑战性，是有难度的一个讲座。这正好也契合了"文化馆事业发展的思考与讨论"这一开放性网络培训主题的要求。刘传军教授的讲授，也包括我今天与各位的沟通交流，如果能引起大家对文化馆文创产品开发的广泛关注，进而启发大家深入思考，引发大家积极热烈的讨论，并在实践中展开探索，我们作为学者将深感欣慰。

文创，其实是文化创意的简称；文创产品，就是文化创意产品。刚才，刘传军教授从文化馆为什么要做文创、文化馆文创的内容、实现路径的探索、文化馆文创开发的困境四个方面，与大家进行了深度的沟通交流，分享了研究成果。其实，按照我个人的体会和理解，今天刘传军教授的讲授，就是立足新时代、新阶段、新任务，宏观性、体系化地回答了文化馆文创产品开发为什么、是什么、难在哪里、怎么做四个重要问题，这是推动文化馆文创产品开发的破局之道。对于刘传军教授的讲座，我个人的感受是受益匪浅，收获颇多。

第一，刘传军教授从"扩大全民艺术普及的影响力""传承发展优秀传统文化需要新的载体""培育和促进文化消费""扩大公共文化服务范围"4个方面，全面系统地阐释了推动文化馆文创产品开发的重要意义，回答了文化馆文创为什么的问题。

第二，刘传军教授从"依托民族民间文化（包括非遗）开发文创""公共空间创意性改造""创意性活动""孵化文创项目""文创课程的开发""研学旅行"6个方面，立足文创是基于传统文化的创造性活动，并且突破实体产品才是文创发展主流方向的视角，分析文化馆区别于博物馆、美术馆、图书馆、非遗保护中心的文创产品开发，给予了我们对文化馆文创产品开发全新的认知，开阔了文化馆文创产品开发的思路，指出了文化馆文创产品开发特色化、差异化的发展之路，回答了文化馆文创是什么的问题。

第三，刘传军教授从"公益性与文创项目的市场性定位的矛盾""全民艺术普及的传播渠道在新时代略显单一""人才队伍建设"3个方面，分析了文化馆文创产品开发的困境，回答了文化馆文创的难点、痛点在哪里。

第四，刘传军教授从"依靠社会力量""培养研发团队""打通营销路径"3个方面，论述了文化馆文创产品开发的实现路径，回答了文化馆文创怎么做的问题。

刘传军教授从上述4个方面，讲解了文化馆为什么要推动文创产品开发，文化馆文创产品开发特色化方向在哪里，文化馆文创产品开发困境在哪里，文化馆文创产品开发瓶颈如何破解，这为推动文化馆文创产品开发提供了智力支撑。

讲到这里，我想提出：文化馆文创产品开发是不是真命题？我在日常的调研工作中，经常遇到文化馆的人说："文化馆怎么搞文创产品开发？博物馆、图书馆、美术馆、科技馆、非遗中心有实物，且依托的馆藏资源多，而文化馆什么都没有。"文化馆人对搞文创产品开发是有疑问的，信心是不足的，甚至还有抵触情绪。当然非遗中心与文化馆本身合二为一的情况另当别论。大家聆听了刘传军教授的讲授，或许能打开文化馆文创产品开发的思路，增添文化馆文创产品开发的信心和动力。

在刘传军教授讲授的基础上，我做以下延展性的讲授。我认为推动文化馆文创产品开发，还应该把握好以下4个关键问题。

一是要聚焦文化馆全民艺术普及资源进行文创产品开发。

白雪华主任在"文化馆事业发展的思考与讨论（第二季）"第一讲中指出，文化和旅游部党组通过了新的"三定方案"，明确了发展中心要转变职能，其具体职能主要是承担全民艺术普及等公共文化服务相关任务，今后发展中心主要代行国家文化馆的职能。全民艺术普及是文化馆的职责和使命，是全体文化馆人终生的职业追求。

2016年5月《国务院办公厅转发〈文化部等部门关于推动文化文物单位文化创意产品开发若干意见〉的通知》把各级各类文化馆纳入文创产品开发的单位之中，并提出推进文化馆各类文化资源的系统梳理、分类整理和数字化进程，明确可供开发的资源。据此，文化馆主要要梳理全民艺术普及资源。白雪华主任指出，文化馆行业的文创产品主要分为三类：一是数字文化资源的再开发和再利用；二是多样化、个性化的艺术培训；三是非遗衍生品。这三大类资源是文化馆文创要重点开发的内容。白雪华主任讲的文创产品所依托的三大类资源，其实就是文化馆的全民艺术普及资源，主要包括文艺演出、文艺展览、文艺讲座等资源。因此，文化馆要进一步聚焦全民艺术普及资源进行文创产品开发。这些资源丰富多彩、地域特色鲜明、生活气息浓厚，由此开发出的文创产品最能被广大群众所接受、所喜爱。

二是文创项目开发要紧紧围绕产品做文章。

文创项目最终要落实到产品上，只有产出了产品，进而变成了商品，文创活动才达到了初衷。这也是我在本讲座中一以贯之地使用"文创产品"这个概念的基本考量。文创产品，首先是产品，其次是文化，再次是创意，三者有机统一、缺一不可。

举一个案例，美国印第安纳波兰饺子节是一个当地著名的文化节庆，每年 7 月 27 日—29 日在美国印第安纳州北部的淮廷市举办。当地大多数美国人是东欧波兰移民的后裔，波兰乡村文化的象征就是波兰饺子，因此这个节日以"波兰饺子"命名。这个有 28 年历史的传统文化旅游节每年大约吸引 20 万人从世界各地慕名而来。由真人装扮的卡通形象波兰饺子先生成为当地最具有代表性的文化符号。这个节日的主要活动内容，是由波兰饺子先生带领波兰饺子家族成员，即卷心菜包先生、土豆小姐、干酪小姐、蘑菇小姐、浆果小姐、牛肉小姐、杏子小姐以及酸白菜小姐组成的波尔卡舞游行队伍，在街上来来回回地弹唱起舞，供观众们拍照留念，与小朋友亲切聊天，或是与观众一起跳舞歌唱。后来，饺子先生和波兰饺子家族成员被开发成文创产品，受到了游客的普遍欢迎。

2012 年上海博物馆举办"幽兰神采：元代青花瓷器大展"，文创团队从青花瓷器上提取"缠枝莲纹"文化符号，设计了青花系列的马克杯、帆布包、笔袋、眼罩等生活实用产品，受到观众的普遍欢迎。

从上述案例不难看出，文创产品不仅是依托真实存在的藏品、古籍、科技品进行开发。除了真实的物品外，一个活动或技艺的形成过程也能产生文创产品。波兰饺子先生和波兰饺子家族成员为原型的文创产品以及具有"缠枝莲纹"文化符号的马克杯、帆布包、笔袋、眼罩等文创产品，就是在活动或技艺的形成过程中产生的文创产品。

这恰好也说明了刘传军教授所讲的文化馆除了可以依托民族、民间文化（包括非遗）开发文创产品外，还可以依托在文化馆公共空间的创意性改造、文化馆开展的创意性活动、文化馆的孵化文创项目、文化馆课程开发、文化馆研学旅行的过程，通过深入挖掘其文化资源的价值内涵和文化元素，提取具有标志性的文化符号，依靠创意人的智慧、技能和天赋，借助高科技对文化资源进行创造与提升，从而开发出艺术性和实用性有机统一、适应现代生活需求的文创产品。

白雪华主任所提出的文化馆行业的文创产品要重点开发的三大类资源，也是从文化馆的文化活动出发的。文化活动尤其是具有地域特色的文化活动（包括民俗活动）或许是文化馆文创产品开发的生命力所在，也是文化馆文创产品开发的特色化、差异化之路。文化馆的文创产品开发要好好把握这一特点。只要深入挖掘，文化馆文创产品开发就不缺乏资源。

三是要创新文化馆文创产品开发管理体制和运行机制。

白雪华主任提出要建立全民艺术普及文创中心，这是巨大的体制创新，必将极大地推动文化馆文创产品的开发。

我个人认为，2016年5月《国务院办公厅转发〈文化部等部门关于推动文化文物单位文化创意产品开发若干意见〉的通知》中，就文化馆文创产品开发提出了4个推动体制机制创新的意见。

（1）从开发方式上，提出鼓励具备条件的文化馆在确保公益目标、做强主业的前提下，依托馆藏资源，结合自身情况，采取合作、授权、独立开发等方式开展文创产品开发。

（2）从评估定级和绩效考核上，提出逐步将文创产品开发纳入文化馆评估定级标准和绩效考核范围。文化和旅游部在第五次全国文化馆评估定级工作中，已将"文创产品开发"纳入评估标准的"提高指标"中，这很好地落实了国务院的文件精神。

（3）从事企分开上，提出文化馆要严格按照分类推进事业单位改革的政策规定，坚持事企分开的原则，将文创产品开发与公益服务分开，原则上以企业为主体参与市场竞争，而不是把文化馆作为市场竞争主体。这就需要我们解放思想，去契合文创产品开发。也许有的人会说我们是公益一类事业单位，开发文创产品是有政策障碍的，怎么契合？只要我们认真学习领会2017年3月国家人力资源和社会保障部出台的《关于支持和鼓励事业单位专业技术人员创新创业的指导意见》，就能找到出路。这个意见提出，支持和鼓励事业单位选派专业技术人员到企业挂职或者参与项目合作，支持和鼓励事业单位专业技术人员兼职创新或者在职创办企业，支持和鼓励事业单位专业技术人员离岗创新创业，支持和鼓励事业单位设置创新型岗位。这从不同的方向，为文化馆文创产品开发提供了指引。如果文化馆本身就是二类事业单位，那空间就更加灵活。

（4）从文创收入的使用上，提出文创产品开发取得的事业收入、经营收入和其他收入等按规定纳入本单位预算统一管理，可用于加强公益文化服务、藏品征集、继续投入文创产品开发、对符合规定的人员予以绩效奖励等。同时，提出应积极探索文创产品开发收益在相关权利人之间的合理分配机制。该意见为文化馆文创产品开发体制机制创新提供了基本依据和遵循。

客观上讲，由于当下文化馆文创产品开发受到体制机制、人财物等因素制约还不少，所以，要充分引入社会力量，与企业、高校、领军人才合作，走出文化馆文创产品开发的康庄大道，文化馆文创产品开发的必然之路是与社会力量的密切合作。我个人认为基于目前文化馆文创产品开发的困境，加上文化馆本身公益性的公共文化服务任务十分繁重，没有社会力量的广泛参与，文化馆文创产品开发之路难以走得稳健和持续。

四是要加大文化馆文创产品开发的政策支持力度。

政策是支撑文化馆文创产品开发的重要保障。从目前的实践来看，我认为落实如下政策至关重要。

（1）将文化馆文创产品的展销作为即将组建的全国公共文化和旅游产品交易中心的重要工作来抓，在各级文采会上大力宣传促销文化馆文创产品。

（2）各级文化馆要充分利用国家公共文化云"赶大集"栏目为各级文化馆开设的文创产品专店，依托专业化的深圳文交所打造的"文化淘宝"，形成文化馆文创产品网络零售商圈。

（3）要与当地的旅游产业和夜经济发展紧密结合，将文化馆文创产品作为旅游特色产品，进景区景点和旅游商店展销。

（4）将文化馆文创产品纳入当地小微企业扶持范畴。

（5）要积极争取当地财政支持，文化馆文创产品收入要全额返还文化馆，按规定使用。

文化馆文创产品开发是在新阶段、新理念、新格局背景下的一项创新工作。目前，我国文化馆文创产品开发刚刚起步。今天刘传军教授和我给大家沟通交流的文化馆文创产品开发的思考，仅仅是一个开始，我们讲授的有关内容和观点只是一个尝试性的探讨，我们希望能在实践中去总结、提炼好模式、好经验，在实践中发现真问题、厘清真原因，从而有针对性去研究解决，为文化馆文创产品开发献计献策。文化馆文创产品开发既是一个比较新鲜的话题，也是一个亟待研究的课题，文化馆如何走出一条独具特色的文创产品开发之路，迫切需要每个文化馆人共同参与思考和讨论。

 **互动交流**

主持人：

谢谢彭老师的精彩点评！下面我将邀请文化馆发展研究院学术委员、原四川省文化厅李兆泉副厅长和中国文化馆协会副秘书长孟祥也老师来到直播间，与彭老师一起进行互动交流。

三位嘉宾好！刚才我们分别聆听了刘教授对"文化馆文创项目开发的现状与困境"的讲解以及彭老师的点评。现在结合网友的留言提问，请各位嘉宾为大家答疑解惑。

第一个问题有请彭老师来解答。很多文化馆有这样的疑问：推动文化馆文创产品开发，会不会削弱文化馆公共文化服务职能？对于这个问题，彭老师您是怎么看的？

彭泽明：

主持人好！观众朋友们好！我先从推动文化馆文创产品开发应该把握好的基本原则入手，在此基础上，再谈一下文创产品开发会不会削弱文化馆公共文化服务职能。

推动文化馆文创产品开发，构建起健康持续的发展，应该把握以下4个基本原则：

一是要坚持社会效益优先。遵循社会主义文化发展的规律，把进一步发挥市场在文化资源配置中的积极作用与更好发挥政府作用结合起来，处理好文创产品开发中的意识形态属性和产业属性的关系、社会效益和经济效益之间的关系，始终把社会效益放在首位，实现社会效益和经济效益相统一。

二是要确保公益目标实现。文化馆要在切实履行好公益服务职能、做大做强全民艺术普及主业的前提下，加强文化资源系统梳理和合理开发利用，不能以牺牲文化馆公益服务为代价去换取产业发展，这是本末倒置。

三是要大力鼓励和引导社会力量参与。实事求是地讲，当前文化馆搞文创产品开发，还是受到了一定制约。我个人认为制约主要表现为人才队伍缺乏、市场运作困难、资金投入乏力。而社会力量参与文化馆文创产品开发，可以发挥"第三部门"的功能，它们在资源动员、服务提供、运营管理、宣传促销等方面具有专业化的能力和独特的优势，能弥补政府在这方面的不足。政府通过购买服务、合作经营、减免税费、表彰奖励等方式，来调动社会力量参与文化馆文创产品开发的积极性，有助于形成开放多元、充满活力的文创产品供给体系，提高文化馆文创产品开发的效能。我以为，文化馆在文创产品的开发上，要更多地引入社会力量参与或与社会力量合作开发，而不宜亲自上阵。文创产品开发或许是文化馆吸引社会力量参与文化馆公共文化服务的重要抓手。

四是要充分运用创意和科技手段。注意与产业发展相结合，推动文化资源与现代生产生活相融合，实现文化价值和实用价值的有机统一。

与此同时，我们特别要指出的是，推动文化馆文创产品开发不是要弱化文化馆公共文化服务职能，也不是弱化文化馆全民艺术普及的主业，更不是眉毛胡子一把抓，而是要在履行好公共服务职能的前提下，围绕推动文化馆深化供给侧结构性改革，树立公共文化服务的系统性思维。一方面，增强文化馆发展新动能，弥补文化馆非基本公共文化服务发展弱项，推动文化馆高质量发展；另一方面，培育和促进文化旅游产业消费，满足广大群众多样化多层次的文化消费需求，促进新发展格局构建。

推动文化馆文创产品开发，一定要因地制宜，不搞"一刀切""齐步走"，可以在条件具备的文化馆开展先行先试。国家文化和旅游消费试点城市的文化馆可以先行一步，积累经验；同时，鼓励地方在具备条件的地方文化馆先行先试，为国家推动文化馆文创产品开发提供典型成功案例。

我个人认为，推动文化馆文创产品开发，只要把握好文化的发展规律和原则，稳步推进，不仅不会削弱文化馆公共文化服务职能，而且对于扩大全民艺术普及的影响力、传承发展中华优秀传统文化、培育和促进文化旅游消费、提高公共文化服务覆盖面和适用性、助力乡村文化振兴有着十分重要的现实意义，还会强化文化馆公共服务职能，做大做强人民艺术普及这个主业，提高文化馆的社会影响力。

我的看法就是这些。谢谢主持人！谢谢观众！谢谢大家！

主持人：

谢谢彭老师！您刚才阐述的文化馆文创开发要把握的4个基本原则，特别是在履行好公益服务职能前提下推动供给侧改革，弥补弱项、创新需求、因地制宜、先行先试，将文创作为强化文化馆公共服务职能的助力等观点很有见地，我们非常受益。

下面这个问题，有请李厅长解答：当前文化创意已经成为全社会的热门话题，很多公共文化机构都在进行相应的探索，在您看来，文化馆文创工作要如何做到差异化发展？

李兆泉：

主持人好！大家好！成都市将建设文化创意中心作为全市经济社会发展的奋斗目标，至2020年文创产业增加值达到1805亿元，文创产业占GDP比重首次突破10%，创新指数居世界47位，该市文创企业已达上千家，文创产业已逐步上升为成都的支柱产业。在文创工作百舸争流的局面下，文化馆如何做到异军突起、一枝独秀？根据文化馆公共服务公益性、普惠性特质，应当做到以下4个方面：

一是着眼于全民艺术普及抓文创。

面对新的发展阶段，文化馆文创工作既是高质量发展的需要，又是全民艺术普及的重要内容，更是提升文化馆公共文化服务效能的重要抓手。文化馆的文创工作，必须立足本职，不忘来路，紧紧地聚焦、抓住全民艺术普及这个重点，顺应人民群众对创新、创意文化的新需求，顺势而为，不断为全民艺术普及注入活力，将其推向深入。

二是动员社会力量抓文创。

文化馆的文创绝非是文化馆人的自娱自乐、单打独斗，文化馆应当加强文化创新引领，激发全民的文化原创力。文化馆的文创绩效导向绝不能只看文化馆推出了几件文创产品，而应当更加注重文化馆在文创工作方面的组织、引领和拓展能力，以社会化改革破题、破圈、破界、破局，努力构建文化创意全要素阵地，努力把文化馆打造成全民文创的发动机、聚合器、孵化园、集散地、大平台，努力拓展公共文化的文创空间。

三是立足于资源禀赋抓文创。

文化固本，创意开新。白雪华主任提出全国公共文化发展中心"一个总平台三个中心"的构想，明确了数字资源的开发、培训教学产品的转换、非物质文化遗产衍生品的开发三大工作任务，明确了文化馆文创工作的具体工作路径。对此，我们应当对标发展中心的总体要求，盘活文化存量，激发创新活力，推动文化作品到创意产品的转换，在文旅融合上下功夫，在乡村振兴上着力，在弘扬优秀民族文化上做文章，认真学习贯彻习总书记在清华大学视察时的重要讲话精神，以美增韵，以美为媒，以美担当，努力将文化馆文创工作提升到新水平。

四是着眼于主业抓文创。

最近，文旅部等三部委《关于推动公共文化服务高质量发展的意见》提出拓展公共文化空间新要求。文化馆的文创工作不能只见物不见人，既要注重现有文化资源的"物化"转换，更要注意文化服务机制与活动的"活态"创新，把创新、创意融入现代公共文化服务体系建设的全过程。树立"大文创"理念，在融入、嵌入上下功夫，以创新理念助推群众文艺创作与活动策划，着力业务工作的延伸，做到见人、见物、见生活，推出一批人民群众喜闻乐见的乡村"村晚"、市民艺术夜校、文化驿站、城市书房、街头演艺、"乡村网红"、巧娘绣坊等有颜值、有内涵、有温度、有气质的文创品牌和文化新地标，满足城乡群众的文化新需求，在公共文化服务高质量发展进程中，让人民群众有更多的获得感、幸福感。

主持人：

谢谢李厅的精彩解答！您基于文化馆的特质，提出文化馆文创工作要着眼于全民艺术普及本职、调动全社会的共创活力、立足资源禀赋、将资源"物化"转化与机制"活态"创新相结合这 4 个方面的建议很有见地、非常到位。

最后一个问题：请问孟老师，我知道您对文化馆的培训比较熟悉，艺术培训也是发展中心联合各地正在重点探索建设的文创内容，您认为，文化馆应当如何以培训作为文创项目，既保证文化馆的公益性，又兼具创造价值，在推动高质量发展中做好平衡呢？

孟祥也：

文化馆为群众提供艺术普及公众服务的主要载体是举办各类群众性活动，主要包括演出、展览、辅导等多种形式。在各级文化馆（站）中，普及率最高、常态化开展的非培训莫属，其他活动可能受经费、场地条件、专业干部配备等因素的限制，不是每个文化馆（站）都可以均衡、常期、频繁地开展。

在迎来文化馆免费开放以前，艺术培训是文化馆的重要收入来源之一，我接触过的很多"70后""80后"都有过在青少年宫和文化馆参加收费学习的经历，文化馆对于传统的收费培训模式还是有一定的基础，随着 2012 年"三馆一站"全面实现免费开放，培训已经成为了公益性的文化服务方式和推动全民艺术普及的重要手段。

《中华人民共和国公共文化服务保障法》第二十九条明确提出"公益性文化单位应当完善服务项目、丰富服务内容，创造条件向公众提供免费或者优惠的文艺演出、陈列展览、电影放映、广播电视节目收听收看、阅读服务、艺术培训等，并为公众开展文化活动提供支持和帮助。国家鼓励经营性文化单位提供免费或者优惠的公共文化产品和文化活动"，这为文化馆（站）开展有偿艺术培训文创项目和引入社会力量、丰富服务供给提供了法律依据和保障。

我们还要认识到文化馆行业的特殊性，明确文化馆作为思想文化宣传阵地的重要作用以及全民艺术普及的社会职能，文化馆是以保障人民基本文化权益、聚焦中华优秀传统文化传承发展、丰富文化活动内涵、提升文化活动品质、加强文化活动供给为目标。

个人认为，文化馆首先还是要做到保基本。文化艺术培训要优先保障它的基本公益性，突显在全民艺术普及中的覆盖面和适用性，满足群众的公益培训需求。

我们都知道，艺术技艺的传承学习是需要小班、长期，甚至是一对一、手把手，普适性培训很难满足从"入门"向"高精尖"的提升。客观来看，3 000多家文化馆和30 000余个文化站的18万人的从业队伍，有限的免费开放时间，难以满足不同年龄段、不同地域、不同艺术爱好、不同层次文化修养的群众的多样化、个性化的需求。

因此，在基本普及以外，文化馆可以针对多样化、个性化的需求，提供更加精准的、有针对性的培训。在激励专业干部完成基本岗位工作之余，文化馆要引入社会力量参与，在有统筹安排、有规范管理的前提下，尝试优惠收费。初期可以从"普及＋提升"，也就是"免费＋收费"的方式入手。例如，一个门类的艺术培训课程，前几节是艺术知识和技艺的免费普及，后面的几节需要从"应知应会"上升到"精通熟练"，甚至培养"一枝独秀"，逐渐去丰富既能够适应地方政策，也被群众接受的优惠、有偿的培训方式。

对于"优惠"的标准，我认为是应当参照当地商业化市场价格和主流网络培训平台的价格以及群众的普遍接受水平。2011年文化部印发的《关于推进全国美术馆公共图书馆文化馆（站）免费开放工作的意见》中规定：在财政经费保障机制建立的前提下，各级公共图书馆、文化馆（站）应把主要精力用于开展基本公共文化服务。基本公共文化服务以外的公益性服务，要与市场价格有所区分，降低收费标准，按照成本价格为群众提供服务。

对此文化馆要注意与地方主管行政单位和财政部门的沟通，制定好收费标准，考核管理、绩效分配制度等，还要考虑免费开放场地、在职在编人员与收费培训班次的关系等。

另外，要充分利用移动互联网，提高文创培训的传播度和普及率，形成线上、线下相互引流，实现免费普及、优惠提高的差异化、多元化供给。发展中心打造的国家公共文化云专门设立了"学才艺"板块，其在2020年启动的"全民艺术普及优课"征集活动，当年就收到350余名讲师的535个课程申报。该板块的视频资源超过1 800条，学习资源含十余个艺术门类的，受到广泛的关注和应用。

🎙 主持人结束语

谢谢孟老师！我非常认同孟老师的见解。在刘教授的主讲内容中也提到了对艺术培训文创的思考，希望这些能给予各地同人更多的启发，通过艺术培训文创的"试水"，来撬动文化馆的文创开发，探索文化事业和文化产业融合发展的创新路径。

由于时间关系，今天的"思考与讨论"就到这里。再次感谢4位嘉宾为我们带来精彩的讲解和分享！

对于文化馆的文创开发工作，我们仍在前行的路上。下一步，发展中心还将着力建设全国文化馆文化创意产品开发合作机制、文创中心产业合作机制，筹备成立文创中心文化创意产业公益基金等，以推动文创中心的建设和发展。我们将以全国各级文化馆（站）和"公共文化和旅游服务产品采购大会"为线下平台，国家公共文化云"学才艺"和"赶大集"板块为线上平台，不断探索创新文化消费的新模式和新样态。在此，希望全国文化馆（站）与发展中心一起齐心协力，抓住政府鼓励开展文创开发的有利时机，进一步解放思想，积极破解当前的难题，着力聚合活动、产品、人才和渠道，走出文化馆文创开发的有益实践。

下一讲"思考与讨论"将于 5 月 26 日下午三点播出，我们将邀请深圳市文化馆理论部负责人吴永强作为主讲人，北京大学信息管理系副教授、文化馆发展研究院学术委员张广钦作为主评嘉宾，上海社会科学院文学研究所副研究员、文化馆发展研究院学术委员冯佳作为互动嘉宾，与大家分享交流"文化馆需要怎样的慕课？"这一主题。

各位嘉宾、各位同人、各位网友，我们下期再见！

🛜 直播间二维码

第十讲

文化馆需要怎样的慕课？

主讲人简介

吴永强，深圳市文化馆理论部负责人，《文化天地》（双月刊）主编，副研究馆员。一直从事公共文化服务理论研究，公开发表十余篇论文，多次在全国论文评选活动中获奖。

主评嘉宾简介

张广钦，管理学博士，北京大学信息管理系副教授，北京大学国家现代公共文化研究中心副主任，全国公共文化发展中心文化馆发展研究院学术委员。主要研究领域为公共文化服务、公共图书馆统计与评价。先后主持国家社会科

学基金重点项目、一般项目，教育部、世界银行等各类项目 30 余项，独立出版专著、教材 4 种，发表专业论文 40 余篇。

互动嘉宾简介

冯佳，北京大学管理学博士，上海社会科学院文学研究所副研究员，硕士研究生导师，美国伊利诺伊大学香槟分校访问学者，《上海公共文化服务发展报告》执行主编。获 2020 年"浦江人才计划"资助。出版专著《公共文化服务制度建设研究》，承担完成国家、上海市社科基金课题多项，各级各类文化类课题 10 余项，发表学术论文 30 余篇。近年主要从事公共文化、文化政策、婴幼儿阅读推广理论等研究。

主持人开场词

引领文化馆建设，推动高质量发展。

文化馆（站）的各位同人、各位网友，大家好！

欢迎收看"文化馆事业发展的思考与讨论（第二季）"的第十讲。我是本季"讨论"的主持人李亚男。

今天我们邀请到深圳市文化馆理论部负责人吴永强老师作为主讲人，北京大学信息管理系副教授、文化馆发展研究院学术委员张广钦老师作为主评嘉宾，上海社会科学院文学研究所副研究员、文化馆发展研究院学术委员冯佳老师作为互动嘉宾，与大家一起探讨"文化馆需要怎样的慕课？"这一主题。

什么是慕课？文化馆为什么要建设慕课？文化馆应该建设什么样的慕课？针对这些问题，我们首先有请吴永强老师交流他的研究和思考。

讲稿精粹

全国文化馆同人，大家好！今天我和大家交流的题目是：文化馆需要怎样的慕课？

一、什么是慕课？

一般教室里正在使用或者曾经使用的教学辅助工具主要有以下几种：第一是最实用的黑板和粉笔，现在一直在用；第二是录音机；第三是胶片投影机；第四是电视机；最后是多媒体设备，是现代的教学标配，现在讲课或者讲座都离不开 PPT。

从以上教学辅助工具的变迁我们可以看出：

第一，录音机虽然已经被新技术代替，但它是较早将优质教学资源带进课堂的，比如英语课文的录音。

第二，随着技术的进步，我们总是不断地将先进的技术手段引入教学过程中，来提高教学质量和教学效果。

现在，慕课来了。我们应该重视慕课这种新兴的课程模式，并将慕课的优点运用到文化馆的培训和全民艺术普及中来。

（一）慕课的概念

慕课，是英文 Massive Open Online Course 的首字母——MOOC 的译音，翻译过来，就是"大规模的、开放的在线课程"。慕课，不是指课程类别（如语文课、数学课），它指的是课程形式。

自有互联网以来就有在线课程。慕课作为一种新的课程形式，有什么特点和优势呢？我认为关键在于前面的两个定语：大规模和开放。

1. Massive（大规模）

慕课的规模之大，不是几十、几百人，而是几千、几万人学习一门课程。例如 2011 年秋季，斯坦福大学某教授推出了一门"人工智能导论"课程，吸引了来自世界各地共约 16 万人在线上学习。16 万人是什么概念呢？文化馆的一门线下课程，一般有 20—50 个学员，如果一门线下课程有 50 个学员，那么需要 3 200 位教师上课，相当于全国 3 000 多个县级及以上文化馆一起开课，学员才能达到 16 万人。理论上 100 门这样的线上课程，就能覆盖深圳 1 600 万人口。

2. Open（开放）

慕课推崇的一个理念，就是"任何人、在任何时间、任何地方，能学到任何知识"。只要把制作好的课程发布在平台上，任何人都可以通过网络（如手机 App）进行学习，没有时间、地点和门槛的限制，这一点非常值得我们期待。

广义上，只要是放在互联网上的"在线课程"，包括讲座、培训、教学录像，都可以叫作慕课。

狭义的慕课，借用北京大学李晓明教授的定义，是指"主讲老师负责的、通过互联网开放、支持大规模人群参与的，以讲课视频、作业练习、论坛活动、通告邮件、测验考试等要素交织，有一定时长的教学过程"。

关于文化馆的慕课，我个人认为，不一定要全部包括这些要素，但不能全部不要。

（二）慕课的意义

慕课兴起的时候，因为"上课人数没有上限、上课时间和空间没有限制、学生可自由掌控学习进程"等优点，被人们所看好。有人说慕课是自印刷术发明以来教育领域最大的革新，也有人说慕课将颠覆传统教育甚至代替高校。目前看来，慕课不可能取代学校的教育，但可以肯定的是，慕课将带来传统教育的变革。

慕课的意义在于实现优质教学资源的共享，促进教育公平。

大学教育方面，我国顶尖高校稀少，985 工程学校只有 39 个，全国大学本科录取率低于 50%。慕课，可以让非一流大学的学生，学习一流大学的课程，让考不上大学的学生，也可以学习北京大学、清华大学的课程。

中小学教育方面，一线城市与其他城市、城市与乡村之间的教育资源配置非常不平衡。慕课可以让乡村中小学生学习全国最优秀老师的课程。

我觉得，这就是推广慕课的最重要的意义。

二、文化馆为什么要建设慕课？

据统计，2018 年我国县级及以上文化馆（约 3 326 个）举办培训班接近 30 万次，参与群众 1 700 多万人次；2019 年深圳市文化馆公益艺术培训共开 68 个班，招收学员 3 560 名。这两个数据说明，全国文化馆这几年在公益培训方面花了很大力气，取得了非常好的成绩。但是，线下培训存在瓶颈（20—50 人次 / 班），人数规模很难突破，所以有必要引入慕课。

2013 年中国慕课起步时，只有 5 门课程，7 万人次学习。到 2020 年 12 月，我国上线慕课数量超过 3.4 万门，学习人数达 5.4 亿人次，在校学生获得慕课学分的人数有 1.5 亿人次，慕课数量与学习规模位居世界第一。这个数据说明，经过 7—8 年努力，慕课在高等院校领域深入开展，文化馆慕课要跟上发展趋势。

（一）慕课与全民艺术普及使命有着先天的一致性

文化馆公共服务的 4 个特性，与慕课的特性存在一一对应的关系。基本性：文化馆只选择基本的艺术门类，只开展基础教学的课程；公益性：课程公布在网上，完全开放、免费；均等性：慕课学习没有人数上限，大规模提高了服务覆盖率；便利性：学员可随时随地学习。因此，慕课特别适合文化馆进行全民艺术普及。

（二）慕课有助文化馆延伸服务半径，提高服务覆盖率

广东省惠州市文化馆通过开展"趣学慕课"，做到了"三个提升、一个降低"。一是服务能力提升。往年他们每年招生 2 000 人，2020 年上半年通过慕课教学招生人数达到了 11 000 人，服务人数超过以往五年的总和。二是服务半径提升。以往的阵地培训，一般是 5—10 公里内的市民参加，现在慕课的服务半径延伸至惠州各县区，甚至市外、全国。三是完成率提升。传统培训的完成率只有 5%—8%，而慕课的完成率达到了 60% 以上。"一个降低"是慕课降低了学习门槛，任何人都可以在网上学习。

（三）推广慕课能缓解公共文化服务资源分布不均衡

我国东部与中西部、城市与乡村之间公共文化服务水平有差距，而推广慕课能缓解公共文化设施和资源不均衡情况，构建方式更灵活、资源更丰富、学习更便捷的全民终身学习体系，实现人人能学、处处能学、时时可学，帮助每一个有艺术爱好的人实现艺术梦想。

（四）推广慕课能降低阵地培训的投入

这里不再展开论述。

因此，慕课值得文化馆借鉴和推广应用。

三、文化馆需要怎样的慕课？

2017 年前后，全国公共文化发展中心、中国文化馆协会联合 9 个地方文化馆启动慕课建设，发布了《全民艺术普及慕课建设指南》。随后，全国文化馆纷纷推出了大量在线课程。这些动作标志着慕课正式走入公共文化服务领域。2020 年因为新冠肺炎疫情，慕课受到了更多人的关注和重视。

（一）文化馆慕课存在的问题

1. 重复建设

要注重合作，减少重复建设。很多文化馆都是结合本馆的培训来制作慕课，因此大多包含音乐课、舞蹈课、美术课、书法课等。高校的慕课也存在同样的问题，但是在各个平台上我注意到各个学校之间开展的合作。比如，中国大学的慕课有 762 所合作高校协同在线，是由清华大学、北京大学、复旦大学以及麻省理工学院、斯坦福大学等国内外的高校合作的。文化馆也应该联合起来，对于一个艺术门类，可以做几个系列的精品课程，让学习者有所选择。

2. 开放性不足

文化馆慕课做出来后，如果没有单独的平台或者官网入口不明显，那么访问者会较少，往往只有本市艺术爱好者关注学习，甚至只有授课老师圈子里的少数人在学。希望将来会出现一个国家级公共文化慕课平台，在全国推广使用。

3. 精品意识要提高

北京大学 2013 年启动慕课计划时，初定目标是 5 年内推出 100 门课程，而 2013 年 10 月上线第一批课程仅有 11 门。所以文化馆的慕课也不能急，要慢工出细活。如果做出来的课程不好，既浪费文化馆的人力物力，也浪费学习者的时间。

所以，文化馆的慕课要以学习者为中心。开始制作一门慕课，首先应该想到的是学习者：我们制作的慕课为什么能够吸引他们？与其他的课程相比有什么优势？能让他们学到什么？其次还要制订完善的课程大纲。最后再去执行、制作。慕课开始前最好向学习者推送课程简介或宣传短片，让他们了解教师和课程基本情况后再做出选课决定。

（二）文化馆慕课的特点

1. 基本性

一方面是指文化馆开设的课程应是人们喜闻乐见的门类，能够满足人们的基本需求，例如器乐课程应以传统乐器为主，书法课程应开设楷书而不是草书，绘画课程应从素描、国画这些基本的画法或种类开始，曲艺课程则应以地方传统戏曲为主；另一方面是指文化馆要注重基础教学，以引导兴趣、普及知识为目的，不宜追求高级班、创作班等高层次的课程，因为艺术教学越高级就越注重现场教学的体验、模仿和纠正，越不适于在线学习。

2. 针对性

文化馆慕课的教学对象主要是业余的艺术爱好者，他们一般是凭兴趣自主学习，其目的是自娱自乐，不是为了考试，因此文化馆慕课应以让学员掌握基础知识、培养兴趣为目的。

惠州市文化馆曾经推出过两门课程：少儿拉丁舞和健身操。课程推出后，健身操课程更有吸引力，而报名少儿拉丁舞的却很少，为什么呢？因为健身操是休闲娱乐性的，比较随意。而对于拉丁舞来说，家长更注重其专业性。

3. 精致性

文化馆慕课要出精品，课程要有内容、有干货，时间要简短，制作要精致。我建议将课程分解成若干个知识点，逐一制作短视频，学习者花十分钟左右就可以掌握一个要点，达到高质、高效的学习效果。

归纳起来，就是要选择基本的艺术门类，以基础教学为主（中低难度）。舞蹈等需要实操的课程要有慢镜头、动画演示、详细解说来辅助。静态的理论知识课程要优先于动态的实践课程，入门课程要优先于中高级课程，成人课程要优先于少儿课程。

（三）文化馆慕课发展的三个阶段

1. 起步探索阶段（2017—2021 年）

文化馆慕课建设从 2017 年启动到现在，经历了起步和探索阶段，全国很多文化馆都在制作慕课，积累了很多经验，也出现一些问题，需要总结、改善。

2. 整合改进阶段（2021—2025 年）

这个阶段应该是逐步整合、规范和改善现有慕课资源，不断推出精品。全国公共文化发展中心和中国文化馆协会牵头，在全国范围内征集优秀课程资源，同时做好国家云和地方云的对接。

3. 成熟运行阶段（2025 年之后）

这个阶段慕课平台应该持续发展、自我完善。对这个阶段我设想了一个目标：建成一个类似中国大学慕课、学堂在线的大规模平台，那时我们希望有 1 000 门精品课程上线，有 1 000 万用户注册、学习。这个阶段，平台需要逐步引入作业、考试和结业证书等。如果没有这些环节，它就与一般的教学视频没有区别。

（四）证书的意义和作用

从短期来说，结业证书能给学习者坚持学下去的动力，同时能够肯定学习者的成绩，让学员有成就感。从长远来说，证书可以逐渐推进企业认可、社会认可和政策认可，就像自学考试证书一样，成为一种学历证明。到那时候，文化馆线下的培训就可以与慕课结合起来。部分线下培训招生时就可以要求学员必须先学完慕课，获得结业证书。这不是提高招生门槛，而是更好地落实文化馆培训业余文艺骨干的职能。

（五）收费和持续发展的问题

文化馆课程应是免费开放的，但是对证书可以收取一定的工本费。文化馆的一门慕课，如果有超过 6 000 人学习并获得证书，每本证书收 20—30 元，就可以收入 12 万—18 万元，这样可以收回一定的成本。

最后，举两个有参考意义的例子。第一个是体育教学视频《学打羽毛球》。这个视频有 45 集，每集 20 分钟，共 900 分钟。此课程有名师指导、注重技术细节，制作精良，它是按照拍摄电视剧的标准来制作的。如果把这些视频按慕课的方式推出来，我觉得是一门非常好的课程。第二个是中国大学慕课的课程"民族舞蹈技术技巧"，一共 12 章，介绍了 5 个民族舞的基本技巧，重点介绍"通识转"（原地旋转和移动旋转）。大家可以找来参考学习。

以上，是我对文化馆慕课的一些想法，请大家批评指正。谢谢！

 **专家点评**

主持人：

谢谢吴老师！

全民艺术普及慕课是近年来文化馆围绕自身职能定位，为适应互联网时代大众需求，拓展公共文化服务的方式而进行的积极探索。吴永强老师分别从为什么、做什么、怎么做等几个方面，为我们层层递进地分析了文化馆建设慕课的必要性和重要性，阐述了文化馆慕课的内涵和特点，并就做好文化馆慕课提出了具体的建议和对策。

下面有请张广钦老师对吴老师的分享进行点评。

张广钦：

深圳市文化馆的吴永强老师给大家带来了一个内容丰富多彩的全民艺术普及慕课基本知识的讲座，这个讲座内容主要涉及两个方面：文化馆建设慕课的意义和文化馆需要建设什么样的慕课。总体来说，吴老师介绍的内容更加贴近于文化馆慕课建设的现实情况，因为吴老师工作在一线，更加了解一线工作人员对于慕课的认知或态度，所以讲座内容比较客观、现实。下面我就吴老师讲座涉及的两个方面与大家进行分享。

一、文化馆为什么需要慕课?

吴老师从 4 个方面阐述了文化馆开展全民艺术普及慕课建设的意义：一是慕课与全民艺术普及有着先天的一致性，二是全民艺术普及慕课的建设有利于服务覆盖面的提升，三是慕课可以缓解全民艺术普及资源分布的不均衡，四是慕课能够降低全民艺术普及的成本。从实际工作的角度来看，全民艺术普及慕课与文化馆的工作有着先天的一致性，我深以为然。首先正如吴老师所讲，这两者都是面向大众的、免费的、使用便利的。

我认为可以深入地从以下几个方面再理解一下其意义。

一是从受众的角度，也即从服务对象角度出发，我们面向的是五湖四海、没有阶层、职业、贫富等限制的普通大众。

二是从社会责任角度出发，慕课建设主要是为了提高全体公民的教育素养、社会素养，全民艺术普及主要是为了提升老百姓的艺术修养，从这个角度来说，两者的社会目标也是一致的。

三是从技术的角度来看，慕课采用了互联网基本技术，实现了大众教育职能，全民艺术普及慕课也使用群众普遍接受的技术手段来实现全民艺术普及的社会目标。

四是从用户对信息的接受习惯角度出发，慕课与全民艺术普及也有一致性。比如，来文化馆的人一般都是有闲暇时间的，而上慕课的人也是这种情况，普通大众都是利用零散的时间接受知识的普及或全民艺术的普及。大家应该有这样的体会：通过网络、手机这类技术手段来获取的知识和信息往往都是零散的、片段的，让我们坐在电脑前花很长时间看讲座，往往是难以接受的。科学研究也表明，一个人固定在电脑前学习知识，其专注力大概能维持 7 到 10 分钟左右。

从以上这些角度来说，吴老师提到的慕课与全民艺术普及有着先天的一致性，是有理论根据或者理论解释的。在降低成本这个部分，我有一点不同的认识或想法。

当我们说慕课可以降低全民艺术普及的成本时，有一个基本的假设前提，这个前提是慕课制作好以后，不再进行内容的调整，一劳永逸，这样一来确实可以降低成本。但是慕课作为一种教学手段或者教学过程，其授课老师在每年教同样课程的过程中，会有一些更新，因为我们的视野在发展，事物在变化，学员的需求也在不断变化，为了应对这些变化要对教学内容做一些调整。因此从慕课建设的角度来看，每年对慕课进行重新调整是要花成本的。

另外，从慕课学员的规模也就是受众群体的大小来看，假如某些慕课注册学员仅 10 人左右，其实际成本是非常高的。因为慕课的成本是平均到每个人身上的，这样来看成本就增高了，所以慕课能降低成本这一观点还值得进一步探讨。

慕课这种形式适用于全民艺术普及工作，但是一定要记住，慕课这种教学方式永远代替不了传统的线下教学活动，它只是对目前传统工作方式的一种有力补充。慕课最早产生于高等教育体系，在高教系统里，这种观点也得到了大家的共同认可。高校在制作慕课时，鼓励大家采用线上、线下相结合的方式，也就是翻转课堂式的教学形式，这对全民艺术普及慕课具有非常重要的意义。

二、文化馆为什么要大力建设全民艺术普及慕课？

（一）从用户的角度

随着生活水平的提高，群众的艺术需求越来越旺盛，而对于已经工作的成年人来说，他们一般没有时间和机会走进文化馆接受全民艺术普及。此时，如果文化馆提供了真正意义上的全民艺术普及慕课，就能解决这一问题。就我个人来说，我是非常喜欢看文化馆所做的全民艺术普及慕课，它不仅能够拓展视野，还让我对某类艺术产生兴趣。这就是全民艺术普及的发展动力。

对用户来说，慕课能很好地解决供需对接的问题，即用户没有时间、没有机会接触艺术与其旺盛的需求之间的矛盾。

（二）从文化馆馆员角度

1. 丰富文化馆馆员知识结构

慕课的主讲人最好是文化馆系统内的工作人员。参与制作慕课的主讲人应具备基本的信息素养，而对信息及信息技术的基本认识，恰恰是当前大多数文化馆馆员缺乏的。参与慕课的制作与讲授可以丰富文化馆馆员的知识结构，使得文化馆馆员除了有音乐、舞蹈等方面的特长之外，还具有信息技术素养。

2. 尝试新式教学

文化馆常年开展的是面对面的线下教学，而慕课是线上组织的教学形式或教学活动。对于文化馆馆员来说，这是一种新的尝试，可能会产生非常好的效果。

3. 提升个人声誉

采用慕课这种形式进行全民艺术普及，有助于提升主讲人的个人声誉。慕课是通过网络进行传播，如果讲得好，主讲人的声誉不仅仅局限于本地、本馆。这对于文化馆的人才队伍资源开发，也具有一定的价值和意义。

4. 转变工作方法

这是工作人员转变工作方式的机会。以前是面对面授课，现在采用慕课这种形式，对于教学组织以及教学内容，需要重新进行规划和调整。这样可以转变文化馆馆员传统的工作方式，使文化馆将一种新鲜的事物引入工作流程之中，还可能激发工作人员的工作热情和积极性。

因此，从文化馆馆员的角度出发，采用慕课这种形式，无论对其自身知识的储备、知识结构的调整还是工作都会带来很大的好处。

（三）从文化馆角度

1. 工作流程重组

慕课建设对文化馆自身来说也有好处，首要的是工作流程的重组。由于现代技术的引入，传统的流程可能会发生一些变化，即现代技术与传统的工作过程进行重新组合。这与企业具有相似性，企业就是通过信息化手段对工作方式、业务流程进行调整。

2. 文化馆理念重构

慕课建设对文化馆理念重构有很大的好处。目前文化馆功能定位为全民艺术普及，其普及范围是本地区。实际上，引入慕课以后，全民艺术普及已经面向全世界，不再局限于本地。因此，文化馆的理念要发生变化，要充分发挥地方特色和本馆专长，因为文化馆的工作不再局限于当地，而要与世界其他地方或者至少与全国其他地区同台比武，这在思想上对文化馆可能会产生很大的冲击。

3. 文化资源结构再造

文化馆除了人才等动态资源，还有静态的知识资源。目前文化馆的静态知识资源更多地表现为将讲座、演出等录制下来保存到数据库，然后放到网上供群众观看。按照吴老师所讲，这样的资源属于广义的慕课，而我们今天所说的实际上是狭义的慕课。

从人们对信息的接受习惯来说，慕课可能更适合用户。慕课资源实际上也是文化馆的一种新型静态知识资源，补充和改变了传统的知识资源结构体系。建议文化馆在有条件的情况下，一定要尝试着去做一些慕课，通过全民艺术普及慕课的形式为用户、馆员、文化馆带来好处。

三、文化馆需要怎样的慕课?

吴老师在讲座里指出文化馆建设慕课有"四个为主":第一个是以基础教学为主,即以中低难度为主,高难度的艺术知识不适宜制作成慕课;第二个是以静态课为主,舞蹈等动态课程,可以缓一缓;第三个是以入门课程为主,做基础常识的普及;第四个是以成人课程为主,这可能与成人喜欢通过电脑获取知识有关。文化馆在当前这个阶段,按照吴老师所说的"四个为主"制作慕课,具有一定的可操作性,比较现实。

下面在吴老师讲座的基础上,我和大家分享一下最近我们开展的一项针对我国全民艺术普及慕课的研究。我认为文化馆要制作慕课,要注意以下9个要点:

1.引入社会力量

这与之前吴老师提到的主讲教师以文化馆员为主并不矛盾。社会力量可以录制视频、剪辑加工、开发平台,甚至还可以做运行管理工作。文化馆缺少技术人才,所以还是要引入社会力量。

我们梳理了中国、英国、美国、日本这些国家全民艺术普及慕课情况,对比发现,在社会力量引入方面,目前我国相对于西方发达国家要弱一些,西方国家一般都是用社会力量制作慕课。

2.特色化发展

文化馆制作慕课要走特色化发展道路。特色化就是紧紧围绕文化馆所在地区以及文化馆自身的优势,做有特色的慕课。实际上,目前国内一些文化馆的慕课在主题方面已经形成特色化,比如苏州的苏绣慕课、四川的蜀绣慕课等。

吴老师在讲座中提到要加强全国统筹,我觉得还是应该发挥各地文化馆的优势、特色,全国公共文化发展中心或者中国文化馆协会应该做好引导。在目前这个阶段,统一步调可能并不合适,还是让各地方发挥自己的主观能动性，行业龙头单位引导。

3. 开展慕课意识的行业普及

从目前来看，文化馆领域对慕课的认识还不够彻底、不够充分，应该在文化馆馆员队伍里开展慕课意识的培训和教育。另外，在履行文化馆社会职能、进行全面艺术普及的同时，向群众普及慕课知识、慕课意识，也就是提升群众使用慕课这种现代技术来接受全民艺术普及的认识，让群众自然而然地认为，可以通过慕课这种形式来接受全民艺术普及教育培训。

4. 加快现有资源的改造步伐

据统计，从广义上来看现在我国慕课资源有近 2 000 门课程，参与人数达到了 500 多万人，而西方发达国家的艺术类慕课基本上由高校开设，只有 150 门左右，其受众不到 1 万人。虽然从数量上来看，我国占了一定的优势，但是我国真正意义上的慕课资源还是不多，更多的是录制的讲座，其实在有条件的情况下，完全可以将这些资源改造成真正的慕课资源。所以我们要加快已有资源的改造步伐，使得真正意义上的慕课资源数量越来越多，种类越来越丰富。

5. 建立全民艺术普及慕课的技术标准与分类体系

各个地方全民艺术普及慕课的技术应该是互通、兼容的，如果技术不兼容，文化馆就无法进行资源的交换和对接，也无法将资源统一到慕课平台。最近全国公共文化发展中心研制的《数字文化馆资源和技术基本要求》规定了全民艺术普及慕课的技术标准，但是从整体上看，文化馆的慕课标准是非常匮乏的，这也在一定程度上限制了慕课的制作和传播[①]。

当文化馆拥有大规模的慕课资源后，如何方便地找到某一节或某一类慕课？图书馆擅长分类体系建设，我们可以借鉴图书馆分类的思想和方法，为全民艺术普及慕课资源建立科学的、系统的、详细的分类体系，这样用

---

① 目前北京文化艺术活动中心正在牵头申报《全民艺术普及慕课建设规范》行业标准。——编者注

户就能很容易找到相应的慕课资源，目前文化馆缺乏这方面的分类体系。

6. 淘汰低质量慕课

我国真正意义上的慕课并不多，要适量地淘汰低质量的慕课。吴老师在讲座里也提到，目前我国慕课资源建设存在重复建设现象，有一些是低水平的重复。我们的大规模调研也发现了同样的问题，各地建设的慕课资源质量参差不齐，还有很多是重复的，我们可以考虑把一些低质量的慕课资源淘汰掉，当然这需要相应的标准和规划。

7. 重视宣传推广，提高知晓率

目前文化馆慕课知晓率非常低。文化馆制作慕课花费了很大的精力和财力，但是使用人数非常少，这就不划算了，所以我们要提高慕课的宣传力度。

8. 完善慕课平台功能

通过对比中外慕课平台发现，目前我国的慕课平台在 3 个方面相对较弱。第一是交互性比较差，学员与教学团队之间基本上没有沟通和交流；第二是缺乏激励机制，学员学完一门课程，除了得到知识之外，还能够得到什么？文化馆需要采取一定的激励措施，保证学员继续学习，比如为学员提供优先参加线下培训的机会等；第三是缺乏反馈功能，教学过程中很重要的一个方面是了解学员的反馈意见，并据此不断调整教学内容、教学重点以及教学节奏。目前的文化馆慕课平台在这些功能方面比较弱，需要加强建设。

9. 加强与高校的协调

要推进全民艺术普及慕课平台与高校、社会平台资源的共建共享。全国公共文化发展中心制作了一个专门容纳全民艺术普及慕课的平台，但这种形式的好坏是值得讨论的，因为在国外，全民艺术普及慕课基本上全是高校在提供，我国高校提供的课程数量也较多。从平台建设的角度出发，应加强与高校系统的沟通、联络和协调，促进自有平台与高校慕课平台上的全民艺术普及慕课的互相渗透。

对于吴老师讲座提到的建立全国统一的全民艺术普及慕课平台，我个人持有保留意见和看法。高校承担着大学生的艺术素养普及的任务，比如北京大学要求所有的本科生至少要有一个艺术类选修课的学分才能毕业，高校本身承担着这种社会职能，因此就会制作出大量的全民艺术普及方面的慕课，不能要求高校将其慕课拿到文化馆慕课平台上来。所以说，建立一个统一的大平台，基本上是不现实的。

因此，文化馆要加强慕课平台和高校系统慕课的互通共融，资源的共建、共享。

我结合吴老师的主讲内容，对慕课做了一些梳理和分析，可能其中有一些不合适的表述或者不一样的认识，大家可以进行交流。谢谢！

 **互动交流**

主持人：

谢谢张老师的精彩点评！张老师在吴老师的基础上，进一步分析和提出了文化馆慕课建设要引入社会力量、突出特色化发展、增强意识普及、加快资源改造、严把课程质量、重视宣传推广、加强共建共享等方面的建议，很有见地，我们受益良多。

下面我将邀请冯佳老师来到直播间，与张老师一起进行互动交流。

两位嘉宾好！请与屏幕前的文化馆（站）同人和网友们打个招呼。

刚才我们分别聆听了吴老师和张老师"关于文化馆需要怎样的慕课？"的讲解和点评。以此为题，有几个延伸的问题，想请两位嘉宾为大家分享您们的见解。

第一个问题有请冯老师解答：在您看来，面对互联网新时代背景下产生的抖音、B站等新媒体所创造的公众新需求，当前文化馆开展全民艺术普及慕课面临的机遇和挑战是什么？

冯佳：

刚才吴老师和张老师对于慕课的基本内容进行了介绍和讲解，下面我就主持人刚才提出的这个问题谈一下我的理解。

首先，不管是慕课，还是抖音、B站，都反映了互联网时代背景下的新需求，既然是新需求就必然要求文化馆开展的全民艺术普及慕课要顺应互联网时代的思维模式，这一模式的特点就是"用户至上、体验为王"，也就是全民艺术普及慕课要以用户为中心，注重用户体验。这也就要求文化馆要清楚用户的诉求到底是什么，摸清广大群众有哪方面的精神文化需求，找到什么样的学习内容、学习方式才能给用户最好的体验。

其次，面对抖音、B站等这些新媒体平台，还要提高国家公共文化云平台的社会影响力，使得大家一提到全民艺术普及，立刻就会想到云平台、慕课。比如说到听书，我们首先想到的是喜马拉雅、樊登，说到看视频我们首先想到的是抖音、B站，可能还会想到爱奇艺、优酷等，但是说到艺术普及大家会想到什么？能够让大家立刻想到文化馆的全民艺术普及慕课、云平台，这是我们的目标。要实现这一目标，有两条途径：一是在提升文化云平台自身质量基础上，文化部门、公共文化机构做好宣传推广；二是充分利用其他新媒体平台扩大文化馆慕课的社会影响力，并吸引更多潜在受众。

国外的公共图书馆、博物馆也有一些艺术普及的课程，他们会选取一部分课程放到 YouTube 平台上，通过这个平台吸引大量潜在的受众，达到了很好的宣传效果。

由此我想到了国内的学习强国平台。这个平台上也有一些艺术普及的慕课，我在里面看到了一些文化馆的技术干部的身影，姑且不论其课程的好坏，艺术普及的课程放到这个平台上，就是对文化馆和文化馆慕课的很好的宣传，扩大了社会影响力。所以文化馆在做慕课的时候要充分利用新媒体提高社会影响力。

再次，抖音、B站等新媒体平台以营利为目的。而文化馆全民艺术慕课则以公益为主，如何保证文化馆慕课持续高效地运维下去也是文化馆应该探究的议题。显然，由于公共财政的有限性，特别是伴随近两年财政资金的缩减以及地方文化馆人员编制的问题，我们探讨鼓励和引导社会力量积极参与高质量慕课建设显得更为重要。

因此，要建立以文化馆为主导的全民艺术普及社会机构联盟，使具备条件和资质的社会文化艺术培训机构参与到全民艺术普及中来。同时，慕课作为一种新型的艺术培训形式，作为文创体系的一个组成部分，是可以收费的，但具体如何收费？如果通过个性化的、特色化的慕课订制服务进行收费，就需要各级文化馆在具体操作中开展实践探索。此举既是全面落实《中华人民共和国公共文化服务保障法》"免费或优惠"提供公共文化服务的要求，也是探索非基本服务优惠收费的一个实施办法和创新的尝试，同时也能很好地吸引社会力量参与高品质的公共文化服务。

另外，在社会力量参与方面，我认为还应当充分发挥文化志愿者的积极作用。如宁波的"一人一艺"全民艺术普及工程，通过建立文化名家、文化新秀的培养工程，为文化志愿者的参与开设了平台，创造了条件。而在文化志愿者培养方面，我认为还要着重培养专家型志愿者，带动文化志愿服务常态化与专业化的艺术普及相结合。比如吴老师提到的广东省惠州市文化馆的趣学慕课，还有我了解到的四川省成都市文化馆的慕课等，都将慕课学习与社群联系起来，选择微信群、QQ群作为文化社群进行运营，即在群里进行学习打卡、互动交流、作业反馈、教师答疑等，除了文化馆专业人员以外，还有多位专家型志愿者组织开展及时、有针对性的线上指导，保证了教学质量。

最后，文化云平台要依托慕课这一新型文化资源，在开展文化服务的同时，运用大数据思维，对后台大数据进行收集、整理，从而优化慕课的课程体系，助推个性化的推送、订制工作，这也是对开头提到的"用户至上、体验为王"的互联网思维的一种回应。

以上是我对这一问题的看法和理解。

主持人：

谢谢冯老师！

刚才冯老师为文化馆建设慕课提出了很好的建议，包括文化馆慕课建设要顺应互联网时代的思维模式，围绕用户诉求开展服务以及巧借好的社会平台为文化馆平台引流，提高文化馆自身社会影响力，将文化云平台打造为用户首选的艺术普及平台。此外，也要大力探索文化馆公益性和市场化相结合的服务，积极调动、培育文化志愿者参与到慕课的建设服务中来，最后也要利用大数据助推文化馆慕课的建设。

第二个问题：有请张老师为我们介绍一下国外全民艺术普及慕课建设情况，为我们文化馆开展慕课建设提供一些可供借鉴的经验和做法。

张广钦：

我在刚才的点评中提到了最近我们对西方发达国家全民艺术普及慕课做了粗浅的梳理，我就这个梳理情况和大家做一下分享。

全民艺术普及就是面向群众普及公共文化艺术的行为，普及内容包括公共文化艺术的基本知识、技能、欣赏水平等。我们将文化馆的社会职能定位在全民艺术普及上，但在全社会进行全民艺术普及绝不仅仅是文化馆的责任。从慕课角度来看，因其诞生与兴盛于高等教育领域，所以高校也是全民艺术普及慕课资源建设的主体之一，尤其是在国外，这种特征表现非常明显。从政策角度来看，有关慕课的推动政策，基本都是由教育部门制定的，在一定程度上使高校制作的全民艺术普及慕课资源在数量和质量上更具优势。所以，我们在讨论全民艺术普及慕课资源建设时，万万不可忽视高校系统，更不可忽视国外相关情况，这样才有助于科学、清晰、准确地制定推动我国公共文化机构全民艺术普及慕课建设的行动方案。冯佳老师也谈到建立社会机构联盟的问题，这也是一种启发。

我们的研究主要选取国内一些平台上的慕课，比如有北京大学的华文慕课、清华大学的学堂在线，国家图书馆、国家公共文化云、地方公共文化云等平台以及国内重点数字文化馆网站上面属于全民艺术普及类的课程信息。对国外选取 edX 平台、Coursera 平台，世界著名的国家级图书馆、博物馆相关网站，世界著名城市图书馆、博物馆相关网站中属于全民艺术普及慕课的课程信息，包括哈佛大学、麻省理工学院、耶鲁大学、爱丁堡大学，美国国家博物馆、美国国会图书馆、美国国家美术馆、纽约大都会博物馆、纽约公共图书馆、波士顿美术馆、东京国立博物馆、京都国立博物馆、日本国立国会图书馆、日本国立新美术馆、卢浮宫、法国国家图书馆、大英图书馆、大英博物馆、冬宫博物馆等。

一、从数量上看

（一）高等院校

国外三大慕课平台有 Coursera、edX 和 Udacity。Udacity 主要是科技相关课程，因此国外高校慕课平台主要集中在 Coursera 和 edX 这两大平台上。国内的清华大学和北京大学加入 edX 联盟，而上海交通大学和复旦大学加入了 Coursera 平台。

Coursera 上关于全民艺术普及的慕课资源主要集中在音乐与艺术、哲学、人类学、人文、设计、道德等类别。从数量上看，复旦大学 8 门，上海交通大学 1 门，国外数量较多的有贝克利音乐学院 35 门课程（大部分为音乐类）、耶鲁大学 6 门、爱丁堡大学 13 门，而平台的发起者斯坦福大学只有 1 门（可能因为斯坦福大学以理工科见长）。edX 上课程含音乐、哲学、人类学、艺术文化、人文、设计、道德等类目。其中：哈佛大学提供的全民艺术普及类慕课资源最多，达到 50 门课程；麻省理工学院的慕课以理工科为主，全民艺术普及类慕课数量比较少，仅提供 4 门课程。

（二）公共文化机构

由于国外没有文化馆，因此主要选取博物馆、美术馆、图书馆开展研究。通过对 11 家国家级及 3 家大都市公共文化机构网站的调查，我们发现除了美国国家博物馆、法国卢浮宫外，其他机构均未提供慕课教育课程，只提供线下教育活动。冬宫博物馆提供交互式网页的虚拟学院，法国国家图书馆则以科普视频的形式提供资源服务，大英图书馆提供在线交互式学习材料。

二、从技术上看

同国内一样，美国的慕课制作也都是采用会声会影（Corel VideoStudio）、Adobe After Effect 等软件进行制作和后期处理。

美国慕课平台注重交互性和用户体验，更注重用户间的沟通，一些平台会提供专门的提问和互动区域。

三、成绩认证

在学习者的成绩认证评估（证书）方面：Coursera 的成绩评估包括基于软件的测验、作业、习题集；edX 除了基于软件的测试、作业，部分课程还有线下的有监考的考试，还包括在线论坛、基于 wiki 的协作式学习、在线实验室和其他交互学习工具。学习者在 Coursera 平台完成课程的学习后，其证书是由课程的教授授予的，并非来自于校方，但是该平台中近 10 门课程的学分获得美国教育委员会的认可，在一些大学里可以转换为相应的学分；edX 给予学习者课程结业证书，证书上面都会印上 edX 和学校的名字（如 HarvardX，BerkeleyX 等）。

总而言之，我国的全民艺术普及慕课建设与美国通过 Coursera 和 edX 平台开展的全民艺术普及慕课相比，存在的不足是：（1）慕课质量不好，更接近于讲座视频，缺少交流、激励等功能，真正意义上的慕课并不多；（2）慕课不提供用户反馈功能，不利于慕课效果的评价与改进，不符合教育的普遍规律。

以上我从数量、技术、认证3个方面把国外的全民艺术普及慕课情况做了简单的介绍，希望对大家开展全民艺术普及工作有所帮助、有借鉴意义。

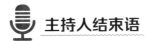 **主持人结束语**

谢谢张老师为文化馆慕课建设提供了他山之石，我们很受启发。

再次感谢吴老师的精彩讲解！感谢张老师和冯老师来到线上参与本期话题的互动讨论！几位老师的真知灼见，定能在大家的交流中碰撞出更多的思想火花。

今天的直播就到这里。下一讲，也是本季"思考与讨论"的最后一讲，将于6月2日下午三点准时播出，我们将邀请浙江省嘉兴市文化馆创新研究中心副研究馆员黄放作为主讲人，上海市浦东新区文化艺术指导中心主任、文化馆发展研究院学术委员王玺昌作为主评嘉宾，国家公共文化服务体系示范区创新研究中心（浙江嘉兴）研究员、文化馆发展研究院学术委员关思思作为互动嘉宾，与大家共同探讨"文化馆公共空间拓展路径"这一主题。

各位嘉宾、各位同人、各位网友，我们下期再见！

直播间二维码

浅谈文化馆公共空间拓展路径

主讲人简介

黄放，浙江省嘉兴市文化馆创新研究中心副研究馆员，国家公共文化服务体系示范区创新研究中心（浙江嘉兴）特约研究员，嘉兴市社会科学院文化研究所研究员，行业内刊《嘉兴公共文化》执行主编。

主评嘉宾简介

王玺昌，上海市浦东新区文化艺术指导中心主任、书记，全国公共文化发展中心文化馆发展研究院学术委员，上海市浦东新区文学艺术界联合会专职副主席兼秘书长，长三角城市文化馆联盟主席。

互动嘉宾简介

关思思，北京大学管理学博士，国家公共文化服务体系示范区创新研究中心（浙江嘉兴）研究人员，全国公共文化发展中心文化馆发展研究院学术委员，嘉兴市文化和旅游标准化技术委员会副秘书长。研究方向为公共文化、文化政策、图书馆法治与管理等。曾主持或参与多项国家及省市级科研项目，公开出版多部专著，发表学术论文10余篇。

 **主持人开场词**

引领文化馆建设，推动高质量发展。

文化馆（站）的各位同人，各位网友，大家好！

欢迎收看由文化和旅游部全国公共文化发展中心、中国文化馆协会主办，国家公共文化云、中国知网同期播出的"文化馆事业发展的思考与讨论（第二季）"。

我是主持人、文化馆发展研究院秘书长李亚男。

今天的第十一讲，是本季"思考与讨论"的最后一讲。我们邀请到浙江省嘉兴市文化馆创新研究中心副研究馆员黄放作为主讲人，上海市浦东新区文化艺术指导中心主任、文化馆发展研究院学术委员王玺昌作为主评嘉宾，国家公共文化服务体系示范区创新研究中心（浙江嘉兴）研究人员、文化馆发展研究院学术委员关思思作为互动嘉宾，与大家探讨文化馆公共空间拓展的路径。

落实"十四五"规划和 2035 年远景目标纲要[①]、推动公共文化服务高质量发展，离不开公共文化空间的建构。公共文化空间，是群众参与公共文化生活的重要载体。公共文化空间强调了空间的文化性，突出了空间的公共性，定义了新的美学，对于传承文化、涵养人民精神生活有着十分重要的意义。

随着社会经济的快速发展，越来越多的人开始追求更美好、更有品质的生活，这对于公共文化空间的营造也提出了更高的要求。文化馆（站）作为政府提供公共文化服务的核心力量，如何通过对公共空间的拓展重塑，实现服务效能的提升，满足新时代群众的文化需求，是这一讲"思考与讨论"聚焦的重点。

---

　　① 即《中华人民共和国国民经济和社会发展第十四个五年规划和2035年远景目标纲要（草案）》。

就此，我们首先有请黄放老师与大家交流她的研究和思考。

 **讲稿精粹**

公共文化空间是近几年备受文化部门重视和大众关注的一个文化热点。在媒体与大众的聚焦下，一批批具有高品质、高效能、高颜值的公共文化空间成为公众争相"打卡"的"网红"景点。但从建成情况来看，目前备受公众瞩目与喜爱的文化空间多以公共阅读空间、休闲娱乐空间为主，以文化馆（站）为主体的公共空间较少。正因为如此，这也为文化馆（站）的公共文化空间拓展提供了巨大空间。

一、文化馆公共空间的建设现状

（一）文化馆（站）基本建设情况

目前，我国文化馆（站）公共空间多以固定场馆为主要形态，由省、市、县、镇（街道）四级文化馆（站）形成一个体系。从《中华人民共和国文化和旅游部 2019 年文化和旅游发展统计公报》数据来看，2019 年末全国共有群众文化机构 44 073 个，其中乡镇综合文化站 33 530 个。严格地说，如果不加上镇级文化站和村级文化活动中心的话，我国县级以上文化馆总量不算多。而从 2020 年第五次全国文化馆评估定级数据来看，全国共有文化馆 3 449 个，其中，省级馆 32 个，副省级馆 16 个，地市级馆（含直辖市所辖区县馆）440 个，区县级馆 2 961 个。可见，在总量已然不多的文化馆中，能达到全国评估定级标准的文化馆占比不高。

而在全国参与定级的 3 000 多个文化馆中，能以空间为视点引起公众关注的更是少之又少。以 2020 年长三角"美好生活"公共文化空间创新设计大赛为例，在 100 余项获奖空间中，仅"章堰文化馆"一个文化馆上榜，而且其本质上是一个文化展示空间，并非严格意义上的文化馆。近日刚出炉的广州首批"最美基层公共文化服务空间"中，文化站的占比也偏低。

因此，在各类文化艺术形态和服务方式日益更新的今天，在其他文化场所纷纷通过空间设计、品质提升来吸引大众目光之时，文化馆如何通过公共空间的改造和拓展以及服务效能的提升和重新赋能来吸引公众关注和参与，是个值得思考并亟待解决的问题。

（二）文化馆公共空间普遍存在的问题

1. 文化馆空间选址与城市空间中心布局重合度不够

近些年，很多城市都在重新选址新建文化馆。出于城市规划用地和其他因素考量，很多地方新馆的选址与居民住宅用地、商业中心区块之间的距离比较远，文化馆公共空间与城市空间中心地段缺乏重合度和融合度，交通也不够便利，导致到馆率、空间使用率都偏低。

2. 文化馆（站）空间设计理念较弱，美感度不高

诚然，一个文化空间徒有"颜值"却无实质性功能满足公众需求的服务和产品终究难以走远，但一个空间设计上乏善可陈、缺乏美感的建筑首先从视觉上就很难吸引大众目光和亲近。尤其是各种层出不穷、各具特色的公共文化空间以"最美"姿态惊艳众人时，文化馆公共空间如何通过各种拓展路径改变当前劣势，晋身"最美空间"之列，吸引公众到来，这是各级文化馆都正面临的一个挑战。

3. 文化馆公共空间开放度不够

很多文化馆真正向公众开放的公共空间和活动区域面积较小。文化馆中除了展厅和少数需要提前预约的排练厅或培训室，没有更多向公众开放的公共空间。有些新建的文化馆虽然占地面积大，外观设计也美观大气，但场馆内部空间整体利用率不高，很多空间虽规划出用途，但大部分时间都是空置的。

因此，文化馆公共空间在城市空间中将以何种方式承担何种使命，产生什么效应，是值得文化馆公共空间的建设者关注和思考的问题。

二、文化馆公共空间拓展的几个要点

（一）用好政策基础

首先要充分认识政策的影响和综合作用，其次是深入解读政策的目标和发展方向，再次是合理应用政策的细则和实施意见。

近年来，我国先后出台了《中华人民共和国公共文化服务保障法》《国家基本公共文化服务指导标准（2015—2020年）》《国家基本公共服务标准（2021年版）》等多个法律法规和服务标准，为文化馆在空间、内容、方式、效能等方面的建设、拓展和变革提供了政策支撑和指导意见，指明了发展路径。

尤其是2021年3月，文化和旅游部、国家发展改革委、财政部印发的《关于推动公共文化服务高质量发展的意见》（以下简称《意见》）明确提出要"创新拓展城乡公共文化空间"，"立足城乡特点，打造有特色、有品位的公共文化空间，扩大公共文化服务覆盖面，增强实效性。适应城乡居民对高品质文化生活的期待，对公共图书馆、文化馆（站）功能布局进行创意性改造，实现设施空间的美化、舒适化"。《意见》的出台更是为新时期文化馆公共空间的建设、拓展和提升提供了明确、精准的政策支撑和依据。

（二）明确建构目标

文化馆要高质量发展，从空间建构的角度而言，应明确以下几个建构目标：

首先是设计方面，注重审美需求。从前面长三角和广州最美空间的案例不难看出，高颜值已然成为文化空间吸引大众，尤其是年轻人的第一要素。文化馆要获得大众青睐，空间设计感和艺术审美性是必要条件。

其次是服务方面，追求品质效能。高颜值不是文化馆公共空间的终极目标。多样化的功能、高品质的服务才是文化馆公共空间的建构目标和立身之本。

再次是体验方面，尊重个体感受。公共文化空间的根本属性是其社会属性。因此，无论是提升其颜值，还是强化其功能，归根结底都是为了人的审美享受和文化体验。那些获得高美誉度的公共文化空间无一例外，都充分尊重和满足了人内心的情感期待和感官体验。

（三）关注溢出效应

文化本身的复杂性和包容性使其具有强大的溢出效应。一个品质高、颜值高、人气高的公共文化空间毫无疑问对周边的社会文化生活环境、城市空间结构、城市文化品质等各个方面都起着积极的优化和提升作用，其溢出效应是深远且不可估量的。

可见，公共文化空间绝不仅仅只是一个外型美观、设计取巧的孤立建筑空间，它的服务理念和社会功能赋予空间本身更为复合的文化属性以及饱满、多元的人文价值。生动、鲜活的人和活动在原本空无一物的空间中不断衍生出新的文化生态及产物。

三、文化馆公共空间的拓展路径

随着公共文化服务高质量发展目标与任务的提出和明确，各类公共文化空间的出现和走红，文化馆公共空间建设也进入了一个新阶段，其空间概念、建构格局与拓展路径被赋予了更丰富、更多维的内涵。文化馆公共空间不再仅仅是一个物理空间概念，而是一个延伸至体制机制、体系架构、虚拟形态、运营模式等各个层面的有机综合体。人们对文化馆如何对其赋能有了更高要求和期待。

（一）以人为本，升级文化馆物理性空间

文化空间强烈彰显了文化与城市的关系，文化馆公共空间构建对城市文化空间发展来说具有较为显著的标志作用和象征意义。如今公众对文化场馆的诉求也不仅仅是功能性的基本要求，而是层次更为丰富的追求和期待。目前文化馆升级物理性空间有以下两种情况。

1. 旧馆改造

现阶段，大部分文化馆都是在原有场馆基础上进行改造、拓展和提档升级，主要包括以下两种方式：

一是对现有物理空间进行修缮和改造，例如重新布局内部活动区域，根据公众需求增设专业性活动空间，投入二期、三期工程建设，对基础设施进行现代化提档升级，提高公共空间利用率等。

二是拓展服务空间，开发和丰富活动项目种类和功能。此外，文化馆还可以通过修缮、整合、改建等方式开发利用历史遗存建筑、旧厂区、旧厂房，将其作为文化馆的拓展空间或延伸区域，以多样化、多层次的文化活动激活这些闲置或已荒废的区块和空间。

深圳宝安"老三馆"[①]的升级改造工程就是一个例子。宝安"老三馆"包括群众艺术馆、图书馆、影剧院，曾是宝安中心区文化地标。2016年，宝安"老三馆"升级改造，赋予其新的功能，它变身为"宝安1990"——一个多功能的当代文化综合体，完工后于2021年7月重新开放。

章堰文化馆位于上海西郊的重固镇，它的改建得益于新型城镇化的政策背景。章堰文化馆根据基础条件，将建于清朝的老房子和一部分空地改建成3个不同特点的展示空间。为满足新的使用需求，设计团队在空地中新建了一些当代建筑。

宝安"老三馆"和章堰文化馆的升级、改建工程，都不是推倒重建或修旧如旧，而是将当下的发展观念和功能需求置入其中，重新梳理和组织空间布局和功能业态等。其成功经验值得旧馆公共空间需要改建和提档升级的文化馆借鉴。

2. 建设新馆

首先，新馆在选址上需要重新审视和定位文化馆与城市文化空间的相

---

① 宝安"老三馆"由新安影剧院、宝安图书馆、宝安群众文化艺术馆共同组成。

互关系，高度关注并科学规划新馆的目标效益和辐射范围。其次，新馆在设计上应该有别于图书馆、博物馆等，除了功能与效益外，还应该注重其文化象征意义，将它建设成当地的文化标识，使其成为城市文化空间结构中不可或缺的一环。

广州市文化馆新馆是一个文化符号鲜明的"岭南园林式"文化馆，地段好，面积大。新馆吸收了"岭南四大名园"的精髓，融岭南文化、园林建筑、自然风光于一身，演出、展览、培训、创作、研究、交流、非遗保护传承等各种功能齐备，成为广州公共文化领域标志性建筑，既具有作为文化旅游热点的品质，又具有文化交流中心的功能。

此外，天津滨海文化中心的创建模式也值得借鉴和参考。天津滨海文化中心位于滨海新区的核心位置，是滨海新区十大民生工程之一，天津市的文化新地标，全国首家文化综合体。滨海文化中心体量庞大，主要空间包括"五馆一廊"，是一个融合文化、教育、旅游、健康等多元化功能的复合型文化综合体。

这两个案例都是采取了文化事业与文化产业、旅游产业融合发展的模式，着力打造多元化、集成化的大型文化综合体，其设施现代，功能齐备，服务多元，对于带动区域公共文化发展、增强区域文化软实力起着显著作用，对于准备建设新馆的地区或城市有较高的借鉴价值。

（二）以服务项目为载体，拓展文化馆社会化空间

《关于推动公共文化服务高质量发展的意见》为"创新拓展城乡公共文化空间"提供了思路，"鼓励在都市商圈、文化园区等区域，引入社会力量"，"创新打造一批融合图书阅读、艺术展览、文化沙龙、轻食餐饮等服务的'城市书房''文化驿站'等新型文化业态，营造小而美的公共阅读和艺术空间"。

文化馆场馆面积以及可用公共空间有限，文化馆可以充分调动人的能动性，发挥和利用公共服务、产品、活动的灵活性，从文化馆有限的空间

"走出去"，寻求社会化合作，大力拓展社会化空间，将文化馆的各类活动、服务项目延伸至城市空间的各个角落。主要有以下几种路径：

1. 利用和释放商圈空间存量

新冠肺炎疫情暴发以来，许多大型商场、购物中心等商业场所人流量大幅减少，很多商业空间闲置。文化馆可协商借用或有偿租赁商圈闲置空间，开展各类文化艺术展演活动，对其重新开发设计，重新赋能。一方面可以有效释放商圈空间存量，吸引消费者重返商圈；另一方面也极大地拓展了文化馆可用公共空间。

2. 发掘和利用企业楼宇的共享空间

在许多商务楼、写字楼、大型综合文化空间内，有较为宽敞的大堂、休息区等共享空间，文化馆可通过多方协作，将视觉展览、非遗展示、数字化文化资源共享、小型文化交流等一些较为雅静的文化活动推行其间，既丰富了楼内员工的业余文化生活，也极大地拓展了文化馆活动的受众面和覆盖面。

3. 与其他单位或机构开发和共建公共文化空间

与企业、学校、社区等合作共建"行业分馆""企业分馆""社区分馆""个人工作室"等社会化分馆，将公共服务与文化活动推广、延伸至社会化空间。

2017 年，上海启动"艺术进商圈"活动，通过政府搭建平台，近百家文艺院团和文化机构、70 家商场积极参与，数百场文化活动被不断送达上海各大商场。美罗艺 cake 艺术商圈、K11 购物艺术中心、大宁音乐广场和久光百货等成为一个个微型的"文化厅"和"艺术馆"。

由此可见，文化活动不应局限于室内空间。文化馆可以文化活动为载体，积极"走出去"，拓展公共空间。商圈、广场、公园、历史街区、街头、社区一隅、商业步行街、文化创意产业区、文化旅游景点等户外公共开放空间的地理区位、人流聚集量、商圈定位为文化活动提供了充足的人气，以上开放空间都可以成为文化馆公共空间的社会化拓展方向。

（三）以机制创新为核心，构建文化馆体系化空间

文化馆公共空间的拓展离不开体制机制的改革和创新。《意见》强调：要不断深化公共文化服务体制机制改革，形成开放多元、充满活力的公共文化服务供给体系；要加强城乡公共文化服务体系一体建设；鼓励将符合条件的新型公共文化空间作为公共图书馆、文化馆分馆。

这些新型公共文化空间的加入将极大拓展文化馆总分馆体系的空间领域，是文化馆公共空间极为重要的补充和延伸。

嘉兴市文化馆总分馆服务体系正是文化馆公共空间体系化拓展的良好范例。2014年，嘉兴市以市文化馆为中心馆，县（市、区）文化馆为总馆，镇（街道）文化站为分馆，村（社区）文化活动中心（文化礼堂）为支馆，构建"文化馆总分馆服务体系"。2015年，总分馆服务体系在嘉兴全市实现全覆盖，在全市域范围内形成设施成网、资源共享、人员互通、服务联动的体系网络。2020年，总分馆体系积极拓展企业分馆，文化馆体系化空间再次获得创新性突破和延伸。嘉兴"中心馆—总馆—分馆—支馆"服务体系运行模式破解了文化馆运行困境，解决了文化馆运行中的"孤岛问题"，极大地拓展和延伸了文化馆的公共服务空间。企业分馆的创建，突破了文化馆行业壁垒，使文化馆公共空间获得跨行业、跨领域延展。

（四）以公众需求为导向，创建文化馆数字化空间

《意见》中同样明确提出要加快推进公共文化服务数字化建设。目前，文化馆数字化空间主要包括以下两种常见形态：

一是线上，即数字化网络空间，包括以文化馆官方网站、官方微信公众号为基础的数字文化馆云上空间。数字化空间具有无限性，不受时间、空间的限制。

二是线下，即数字化实体体验空间。这类线下体验空间越来越广泛地融合了互动投影、触控交互、体感交互、3D技术、动态投影、全息成像等数字科技。这种"沉浸式"智能互动空间给公众带来的观感官体验更直接，更具冲击力。

成都市文化馆数字化文化艺术体验厅于 2016 年底开放，厅内设有 VR 虚拟现实体验区、动感单车、音乐体验区、舞蹈体验区、虚拟乐器体验区、多功能体验区等空间，通过线上与线下、现实与虚拟的双向结合，为市民进一步了解城市文化、历史场景提供了途径。

此外，东莞市文化馆的"文化莞家"、上海市群众艺术馆的"数字文化馆"、重庆市群众艺术馆的"群众文化云"、中山市文化馆的"共享文化馆"·奇点人工智能科普文化馆、马鞍山市文化馆的"数字化实体体验空间"等数字化平台或实体空间都是文化馆数字化空间线上、线下拓展过程中值得借鉴和学习的案例。

可见，文化馆数字化空间的创建、拓展和完善应该以公众需求为导向，重视用户空间体验，丰富数字化文化资源和活动品类，吸引更多不同年龄、不同背景的群体进入空间，培养高黏性的"粉丝"社群，并建立相应的用户管理系统。随着信息技术的不断创新，公共文化发展也已然步入全媒体时代，数字化空间将毫无悬念地无限拓展文化馆公共空间。

未来文化馆公共空间的规划与设计不仅要注重服务功能的齐备与设施、设备的先进程度，还需要将城市整体规划、文化意义、文化馆服务理念、空间设计理念、公共效能、公众多样化需求等多个层面充分考虑进去。文化馆不只是一个提供公共文化服务的场馆，还可以是一个代表城市文化发展方向与高度、彰显文化底蕴、传承历史文脉、呈现地域特色、糅合现代文化符号、符合当代公众诉求的标志性文化建筑综合体，多功能载体、多艺术介质在其间相互渗透和融合，引导公众穿越文化之境，从过去行至未来。当公众进入文化馆这个公共空间时，不仅仅只是获得直接的、具体的公共服务和文化产品，还能从中获得文化认同感和精神归属感。

文化融于空间，空间融于印象，印象融于记忆，记忆记录美好。城市文化空间是一座城市最持久的美好记忆。文化馆公共空间在塑造、彰显、守护这份美好中大有可为。

 **专家点评**

主持人：

谢谢黄老师！黄老师从文化馆公共空间的建设现状、文化馆公共空间拓展的要点、文化馆公共空间的拓展路径 3 个方面，结合丰富的案例，为未来文化馆公共空间的建设提供了多角度的分析和建议，令人受益匪浅。

下面有请王玺昌主任对黄老师的分享进行点评。

王玺昌：

文化馆的各位同人，各位网友，大家好！

黄放老师从物理空间建设、体系化空间建设、社会化空间建设和数字化空间建设 4 个维度，分享了关于文化馆公共空间拓展的路径性思考。我认为她分享的研究成果，对文化馆公共空间的建设将起到积极的推动作用，也给大家提供了新的创建、完善和提升的路径思考。接下来我从公共文化视野下的公共文化空间建设做一些思考性的分享和交流。

一、公共文化空间的概念

要想了解公共文化空间，我们需要先了解公共空间。公共空间主要是指供全体市民开展日常生活和社会生活的公共的、共享的室内和室外的空间。室内空间主要包括各级党政机关、文化场馆、学校、医院、公共交通空间等，室外空间包括街道、街区、公园、体育设施等。

公共空间的概念可以延展到公共文化空间。公共文化空间应该是向全体公民开放的承载着社会公共生活特别是文化、娱乐、休闲、体验的一种功能性文化空间，包括城市文化空间和乡村文化空间。

这是一个既包括实体性的物理空间，又包括虚拟的数字化网络空间的复合性概念。实体性的物理空间包括传统的文图博美、科技馆、少年宫等公共文化服务场馆。在现代语境下，公共文化空间还包括新兴的数字化的、虚拟的网络空间。

二、公共文化空间的拓展原则

公共文化空间的建设和拓展正在成为构建现代公共文化服务体系进程中的一个重要课题。由于公共文化空间建设标准的缺乏、公共文化空间政策性指导滞后等，全国各级公共文化空间的建设存在着一些瓶颈和发展的局限。

在这样的大背景下，为了更好地满足广大民众对公共文化的高质量需求，我们就需要面对如何更高质量地构建、拓展、应用公共文化空间的新课题。

我认为公共文化空间拓展应遵循以下原则：

（一）公益性原则

公共文化服务首先是公益性的服务。公益性的服务包括基本公共服务和非基本公共服务，即免费服务和优惠服务。公共文化空间建设所承载的功能、服务内容和服务方式是多种多样的，但是不管形态如何、内容如何，公共文化空间内的公共文化服务都应该遵循公益性原则。

（二）开放性原则

公共文化空间的空间建设、载体应用、合作主体、生产主体、服务主体、服务方式和形态应该是开放的，不仅要与时俱进，而且要适合当地的省情、市情、县情，符合当地经济发展的实际情况。随着民众对公共文化服务需求的不断增长和变化以及环境空间因素的不断变化，公共文化空间应该是开放、延展、发展变化的。

（三）便利性原则

公共文化空间首先要建设在人口集中、交通便捷的地方，这是公共文化空间设立的基本原则。一个地区公共文化空间的地理位置对广大民众的出行和公共文化服务的共享有极大影响。我们可以就近就便利用城市现有的各种功能形态的物理性空间、虚拟性空间，设置形态各异、规模不限的公共服务空间，这样的空间可以让百姓在自己的居住区内、工作地周围以及生活方便之时，就近便利地享受多元多样的公共文化服务。所以在公共文化空间的建设上，还应该坚持便利性原则。

（四）现代性原则

传统的公共文化空间往往局限于传统的功能和财政许可、政策许可的建设标准，而这种建设标准只是满足于原有基本功能的实现，保证基本公共服务对象的满意度。随着全面建成小康社会，"80 后""90 后""00 后"正在成为社会文化的消费主体，公共文化空间的建设应该进一步坚持现代性原则，不仅要注重建设的主体规模，还要考虑其现代氛围、人文体验和综合配套服务等要素。

（五）可持续性原则

传统的公共文化服务是免费的、公益的，不能代表个性化、多样化和市场化取向的高品质的公共文化服务。提供这类服务，应该坚持可持续性的原则，采取多元化的运营、服务、管理和创新性手段来保证公共文化空间的可持续发展。

三、公共文化空间的拓展形态

当前，公共文化服务体系建设主要还是依托政府的主导，依据"一个城市、一个区域、一个公共文化空间"的建设原则，形成了省、市、县、乡、村五级公共文化服务的设施网络体系。

在这样的背景下，如何更好地满足公共文化空间的建设，更好地满足新时代广大人民群众对美好生活的新期待？我认为可以从以下几种形态进行公共文化空间的拓展。

（一）盘活存量，进一步厘清内涵式发展的文化要素

盘活存量，就是进一步拓展现有的、传统的公共文化空间。本着需求导向、问题导向、目标导向、效能导向的原则，对现有的公共文化服务空间进一步梳理，对不能满载运行、百姓需求度不高、显示度不高、满意度不高的空间形态，进行盘活、完善以及服务方式的再调整，通过这样的方式厘清传统公共文化场馆内涵式发展的文化要素的再造、功能的再造和优势的再造。

（二）激活增量，进一步释放社会的冷藏资源

过去在政府主导的背景下，社会资源参与公共文化服务的门槛很高，其目标、措施和政策不够明晰，所以社会力量和资源的导入度不够。在新的时代、新的阶段、新的需求背景下，要用政策来激活社会、民间、个人以及社会团体的公共文化的存量资源、潜在资源和冷藏资源。这个政策要让楼宇的共享空间、企业的文化活动空间、校园内的学生活动空间、体育空间、商圈资源以及交通等各种公共资源释放出来，进一步放大增量。

只有社会广泛参与，才能让社会的增量成倍地增长，逐步满足百姓的各种文化服务需求，并以此实现公共文化服务目标。

（三）放活数量，进一步延展公共文化空间的边界

公共文化空间往往受国有、民营、集体、外资等不同产权归属的局限，极大地影响了公共文化空间数量的释放。其实无论是群众文化工作者、文化馆干部，还是公共文化管理行业的同志，往往都有一个认识误区：公共空间的数量过多容易乱，"一放就乱，一管就死"。应该解放思想，放手、放胆、放活，让更多的社会资源、各种形态的公共服务、多元化的公共文化产品、多形态的公共文化空间一起释放出来，让公共文化空间的数量进一步增加，为公共文化服务体系的构建增加更多的要素、更多的载体和更多的产品。

（四）优活质量，进一步规范公共文化空间的服务管理

在抓好数量的同时，还要提升质量。加强质量的提升和把控，就能自然地提高公共文化服务的规范性。先发展后规范，先让更多的社会资源、社会产品、社会能量、社会力量参与进来，再从政策上逐步地规范、引导，健全、完善相关法律法规和制度，这是当下可行的一个路径选择。

近几年来，由上海浦东面向长三角推出的公共文化空间设计大赛，受到了众多文化机构、文化部门和文化服务空间的关注和参与，这项活动满足了广大人民群众对公共文化空间形态的新认识、新渴望和新期待，也体现了公共文化服务行业的人员对公共文化空间未来发展的新探索。我认为公共文化空间设计大赛可以引领公共文化空间的良性发展。

除此之外，还要挖掘、梳理历史文化根脉，让历史文化资源植根并导入公共文化空间中，成为公共文化空间的设计、建设、装饰和服务的新要素、思考方向和动力源。另外，要不断优化公共文化服务标准，使其更规范、更健全、更适合新时代的发展。

四、公共文化空间的发展展望

未来的公共文化空间正在快速的城市化和公共文化服务的区域化、一体化、同城化的背景下，呈现出前所未有的可能性。在这样的背景下，公共文化空间的未来发展将会展现出怎样的变量和发展形态呢？

从我个人的角度，我认为有以下几种形态供大家思考和研究。

（一）场馆功能由单一性转向复合性

由单一的场馆功能向文图博美等多家公共文化场馆的融合发展的复合性功能转变。

过去文化馆就做文化馆的事情，图书馆做图书馆的事情，博物馆、美术馆、科技馆、体育馆各有各的功能，各自履行责任，各自服务需求对象。但是在新的时代、新的发展阶段，各公共文化机构呈现出复合性的、融合的发展趋势。在这样的背景下，我们要不断地打破边界，既要厘清职责，还要在服务内容、服务方式、场馆的边界上打开大门，相互接纳，相互拥抱，融合发展，协同发展。

现在图书馆的传统借阅服务也正在削弱，公共空间的利用和共享、文化娱乐内容的导入也正在成为图书馆行业的常态化服务，图书馆的服务边界正在向文化馆的领域拓展。文化馆也开始引入社会力量，进入了共建、共育、共享的发展阶段。体育场馆、美术馆、博物馆也都有跨界融合发展的新课题。随着科技的发展，广大群众对一体化服务、复合型文化综合体需求的增加，文化功能的跨界以及文化功能的融合正在成为新的发展趋向。

（二）传统物理空间的规划建设向线上线下一体化转变

过去我们注重物理空间的建设，随着互联网、AR、VR 等各种新技术的应用，虚拟空间正在成为公共文化服务的新空间、新领域、新载体。我们既要继续优化、应用、管理、开放传统的物理空间，同时也要重视虚拟空间、数字化空间发展，这符合线上线下互动、物理空间与虚拟空间融合的发展方向。

（三）由政府主办向政府主导、社会力量协同参与的共建共享转变

公共文化服务过去是政府主办，现在是政府主导，社会力量参与建设。政府主导的公共文化服务机构在履行好自身服务职责的同时，也要激活自己的体制和机制，采取两条腿走路的方式，吸引更多的社会力量参与，搭建更多的平台，开放更多的空间，让更多的社会力量有条件、有资格、有能力、有兴趣地参与到公共文化服务当中来。这种形态也正在成为一种新的增量、新的变量和新的发展趋势。

这样一来，众多社会空间、社会力量、社会组织、社会机构愿意加入公共文化服务产品供给的队伍中，加入现代公共文化服务体系建设者行列中来，这是社会发展的需要，是更好满足人民群众精神文化需求的需要，也是对拓展公共文化空间建设要求。

（四）以行政区划为服务半径向公共文化空间的区域一体化服务转变

公共文化空间的建设正在由传统的、行政区的自我建设，向区域一体化协同发展，向共建共享的方向转变，这也成为新的发展趋势。

过去一个行政区划内有一个本区域内代表性的公共文化机构。现在随着现代交通工具的快速发展，都市圈、中心城市一小时生活圈、工作圈逐渐形成。特别是国家提出了粤港澳大湾区建设、长三角一体化发展、京津冀协同发展、成渝协同发展等区域化发展战略，在这样的背景下，原有的一个行政区划、一座城市的公共文化空间的规划和自我服务，正在向区域化、一体化服务转变，也就是说一个城市的文化馆可能还会通过品牌活动和多种形态的服务形式，吸引对服务内容感兴趣的周边城市市民积极参与。原有的一个城市的公共文化服务空间规模，已经难以满足这种增量需求，也难以满足多个城市的同一项目、同一品牌、同一文化活动的共同需求。

未来的公共文化空间的规划，应该要面向区域一体化的发展方向，要打造个性化空间、特色空间和更广泛的空间，让更多市民、更多城市共同参与、共同体验，让公共文化服务开创出一片新天地，也让公共文化服务效能实现最大化，这也是我们今天讨论和研究公共文化空间拓展的必要性和重要性所在。

 **互动交流**

主持人：

谢谢王主任的精彩点评！王主任在黄老师的基础上，就公共文化空间的定义、公共文化空间拓展的原则、公共文化空间的拓展形态以及公共文化空间的发展展望进行了全面的补充，提出了建设性的意见。

下面我将邀请关思思老师来到直播间，与王主任一起进行互动交流，为大家答疑解惑。

两位嘉宾好！刚才我们分别聆听了黄老师对"文化馆公共空间拓展"的讲解和王主任的点评。其中对城市的公共文化空间，黄老师和王主任都做了非常详细的介绍。下面请关老师谈一下，相比城市空间，您觉得目前农村公共文化空间建设得怎么样？借鉴城市中的网红公共文化空间建设，您认为农村公共文化空间应该如何重建呢？

关思思：

与城市的网红公共文化空间相比，目前我国农村公共文化空间建设还存在很大差距，主要原因是城乡二元结构带来的影响日益加深，文化建设不平衡问题更加凸显。尤其是城市网红空间的出现更加加大了差距，传统公共文化空间的功能逐步弱化。

和城市的公共文化空间相比，农村的公共文化空间建设有它的特殊性。农村的公共文化空间建设是乡村振兴非常重要的一个组成部分，农村公共文化空间是农村居民参与文化生活的场所和载体，不仅具有地理学上的空间意义，还具有社会学意义上的公共精神和归属意识。农村公共文化空间具体包括：承载日常文化生活的公共文化空间，如集市、茶馆，甚至是房前屋后等与农民日常生活息息相关的场所和场景；开展传统文化活动的公共文化空间，例如宗庙、祠堂等宗族祭祀场所等；属于政府文化福利的公共文化空间，主要包括政府提供的"三馆一站"、农村书屋等公共文化设施。

与城市相同，公共文化空间在农村文化的建设和发展中扮演了重要角色。在城市的网红空间高质量发展的同时，我们更加不能忽视广大农村地区的空间建设，我认为可以从以下几个方面提升农村公共文化空间的发展水平。

一是发挥农民在农村文化建设中的主体作用，保护原生公共文化空间。原生的公共文化空间包括日常生活类型的公共文化空间和传统文化空间，是乡土文化和智慧的集中体现。要发挥农民在农村文化建设中的主体作用，应该尊重农村文化生成法则，将原生公共文化空间纳入公共文化服务体系的支持范围，将农村文化能人和自发文化组织纳入公共文化服务队伍，实现对原生公共文化空间的保护，为乡村文化的传承与发展保留人才和空间。

二是优化公共文化服务供给，拓展福利型公共文化空间功能。政府主导的公共文化服务体系建设以及文化惠民工程所形成的公共文化空间，在提升农村居民文化福利和农村文化治理方面发挥了重要作用，但还需要提升福利公共文化空间的使用效率。建议农村公共文化服务体系在增加"资源总量"的同时，进一步优化资源配置，构建集宣传教育、信息服务、科学普及、文化娱乐、体育活动等于一体的多功能、体验性强的公共文化空间，不仅为农村的留守老人和儿童打造日常休闲娱乐的空间，也为从城市返乡的人员提供更多文化消费选择。

三是协调政府与市场，创新农村公共空间运行机制。农村文化建设需要持续推进制度创新，打破壁垒，加快形成政府主导、市场化运作、社会力量广泛参与的多方联动、多方协同的文化管理体制。各地政府应充分关注基层群众的文化需求，建设一批个性化、综合性的农村公共文化空间。

2021年3月文化和旅游部、国家发展改革委、财政部联合印发《关于推动公共文化服务高质量发展的意见》，其中：在设施建设上，要求"将公共文化设施建设纳入县城城镇化补短板强弱项项目"，"加大对农民新村公共文化设施配套建设力度"，"工作基础好的乡镇（街道）的综合文化站建设为覆盖周边乡镇（街道）的区域分中心"，"推进县、乡、村公共文化设施、资源、组织体系与新时代文明实践中心融合发展"，"因地制宜建设文化礼堂、乡村戏台、文化广场、非遗传习场所等主题功能空间"；在内容扩展上，要求"加强乡村优秀传统文化活化利用"，"加强乡村地区非物质文化遗产保护和利用"，"大力发展'中国民间文化艺术之乡'"，"鼓励'村晚'等农村节庆活动"，"打造节庆新民俗"等；要求紧跟乡村振兴战略，将乡村文化建设融入乡村治理体系；要求"拓展乡村文化和旅游发展模式"，"拓展乡村基层综合性文化服务中心旅游、电商、就业辅导等功能"。

早在 2017 年浙江省就提出"万村景区化"，目标到 2022 年，使浙江一万个村成为 A 级景区村庄，其中 1 000 个村达到 3A 标准。在乡村景区化战略的实施带动下，诗意田园图景正引领着浙江乡村生态的美丽嬗变。农业观光园、田园综合体、国家现代农业庄园 / 中国农业公园、家庭农场、休闲农场、共享农庄和市民农庄、传统古村落、主题特色民宿、乡村创客基地、乡村度假综合体等业态相互融合，乡治馆、村史馆、文化礼堂、礼堂书屋、非遗体验空间、文化名家工作室等各类型文化空间出现，农村公共文化空间呈现出多元化的发展态势。

主持人：

关老师提出要发挥农民的主体作用，保护原生文化空间，促进自身文化空间以及优化供给，统筹政府与市场创新运行机制，以国家政策文件为指导来推动乡村公共文化建设。

非常感谢您的解答。那么同样的问题也请教王主任：您觉得当前城乡的公共文化空间建设上存在哪些差异性？您有哪些经验可以分享给我们？

王玺昌：

刚才关思思老师已经讲了很多，我在她的基础上再做一个延伸。

城乡公共文化空间的建设，既是体系化的建设，实质上也是现实的公共文化服务的发展需要。

城市和乡村在公共文化空间的建设上的确有很大的差异，正因为这种差异，我们才需要因地制宜、实事求是。从城市公共文化空间的建设形态来看，城市的公共文化空间大多是建在人流密集处，比如都市圈、商圈、交通枢纽等地方，其特点是新颖多样的建设形态、多元的建设主体、开放便利的服务等。

下面列举国内一些成熟的样本或者案例：

一是温州市的城市书房。它是在温州市文旅部门的管理下，由社会主体参与投资建设，根据人口的集中度和对服务的需求进行统一规划，受到了市民的欢迎。城市书房还增加了数字化功能，使老百姓更加便捷地享受服务。

二是重庆的装饰文化空间。它利用一个装饰城的现有空间建成，不仅成为重庆市美术类的特色公共空间，同时还提供公共文化服务，形成了市场运营主体和公共文化服务的有机结合，装饰文化空间也成为重庆大渡口区的文化地标。

三是浦东的望江驿和电影广场。为满足市民休息、学习和社交需求，浦东文旅部门利用有限的空间，在黄浦江畔建了20多个望江驿，受到了上海市民的欢迎。另外，浦东专门建了一个城市电影广场，使得市民不仅可以在电影院里看电影，还可以在广场上看电影，极大满足了市民的需要。

这些公共文化空间都是根据城市布局及其资源条件建立的，很多城市陆续在建设这种形态的公共文化空间。

现在农村的公共文化空间主要是依托乡镇和村的公共设施场所进行改建或新建，规模普遍比较小，利用现有的家庭房舍资源提供乡村公共文化服务。

从农村的文化空间特点来看，其数量相对较少，形态相对单一，开放的时间相对较短，参与人数也相对有限，但是对于确保公共文化服务的均等化、标准化发挥了一定作用。

在城乡公共文化空间建设中应该注意把握以下几个方面：

第一要坚持正确方向，保证公共文化空间的宣传教育功能。无论是传统文化馆还是新型公共空间，都是基层文化教育的重要载体和阵地。在建设过程中，一定要有相对规范的标准和要求，确保空间的运营、管理和服务坚持正确的方向，符合社会主义核心价值观。

第二要坚持合理规划，加强城乡公共文化空间的体系化发展方向。城乡公共文化空间的建设，应该纳入公共文化服务体系，进行合理规划。这样既不浪费资源，又能满足老百姓就近享受公共文化服务的需求，保障其基本权益。因此，在规划过程中，要打破行政地域的概念，以人为核心，就近设置形态各异、形式多样、规模不限的公共文化空间，注重其特色性和便利性，确保公共文化空间的持久、高质量的发展。

第三是坚持内容为王，新型公共文化空间要彰显时代特征和地域文化。所有的公共文化空间都是为人服务，为当地的百姓服务，所以既要开展一些时尚的、前沿性的文化服务，也要保障弱势群体、特殊群体的基本文化权益。

在内容服务中，既要与时俱进，体现时代特征和中国特色，还要深度挖掘、梳理当地的历史文化资源，在提供公共文化服务的同时，传承和弘扬传统文化、民族文化，并结合文创进行推广。

最后要坚持实事求是，推动新型公共文化空间的建设因地制宜，不搞一刀切。当下全国各地情况差异很大，不同地区的需求有差异，服务的标准也会有差异。所以我们应该坚持实事求是、稳步推进、合理规划，成熟一批，推出一批，同时也要积极鼓励和扶持更多社会机构、社会组织以及企业参与到公共文化服务体系的建设中，共建、共育、共享公共文化服务，同时借此拉动整个公共文化服务的快速发展和高质量发展。

以上是我跟大家所做的分享，仅供大家在工作中参考，谢谢！

🎤 主持人结束语

谢谢王主任的解答！他为我们介绍了很多城市和乡村公共文化空间的代表性案例，也对未来公共文化空间的建设提出了建设性意见。

"十四五"规划提出要推进城乡公共文化服务体系一体建设，我认为城乡公共文化空间的建设也应立足各自的实际特色和优势，同步协调，统筹发展，文化馆（站）在这其中要发挥好应有的作用。

再次感谢我们今天的主讲人黄放老师、点评嘉宾王玺昌主任和我们的互动嘉宾关思思老师为我们呈现了非常精彩的第十一讲！

今天这一讲的顺利播出也代表了本季"思考与讨论"的圆满收官。

本季活动得到了行业内外的大力支持，在此我谨代表活动的幕后团队，对参与本季活动的嘉宾们和关注本季活动的广大文化馆（站）同人和网友们表达最诚挚的感谢！

下面是要为大家送上的彩蛋。我们非常荣幸地邀请到北京大学的李国新教授，也是我们文化馆发展研究院的院长，对本季活动进行总结，请大家观看，我们下一季再会！

🛜 直播间二维码

附录一

讲座时间表

序号	题目	直播时间	主讲人	主评嘉宾	互动嘉宾
第一讲	2021年文化馆行业建设与发展要点	3月24日（周三）15:00—16:00	白雪华	无	无
第二讲	推动文化馆事业高质量发展的思考	3月31日（周三）15:00—16:00	李国新		
第三讲	面向"十四五"的文化馆数字化建设与服务	4月7日（周三）15:00—16:00	罗云川		
第四讲	群众文化活动创新发展的思考与实践	4月14日（周三）15:00—16:00	尹寿松		
第五讲	文化馆年报编制与公开工作	4月21日（周三）15:00—16:00	毛凌文	王全吉	李立群
第六讲	文采会的实践创新及前景展望	4月28日（周三）15:00—16:00	王玺昌	杨乘虎	黄晓丽
第七讲	从阵地服务到平台构建——关于区域性中心文化馆功能转型升级的思考	5月6日（周四）15:00—16:00	赵靓靓	金武刚	赵保颖
第八讲	标准化基础知识与文化馆服务标准化	5月12日（周三）15:00—16:00	张艳琦	周莉	陈艳平
第九讲	文化馆文创项目开发的现状与困境	5月19日（周三）15:00—16:00	刘传军	彭泽明	李兆泉 孟祥也
第十讲	文化馆需要怎样的慕课？	5月26日（周三）15:00—16:00	吴永强	张广钦	冯佳
第十一讲	浅谈文化馆公共空间拓展路径	6月2日（周三）15:00—16:00	黄放	王玺昌	关思思

附录二

讲座主持人简介

李亚男，群众文化系列副研究馆员，文化和旅游部全国公共文化发展中心文化馆发展研究院秘书长，中国群众文化学会副秘书长，《中国文化馆》编辑部主管。长期从事公共文化项目建设、活动策划、宣传推广、理论研究、对外交流等工作。参与公共文化领域重点课题研究 5 项，参与编辑文化馆行业出版物 7 本，发表学术论文 8 篇。

附录三

各地参与动态

    各地文化馆（站）积极组织收看"文化馆事业发展的思考与讨论（第二季）"，形成了一波学习热潮。下面列出部分地区收看、学习情况的现场照片。

山东省文化馆全体人员收看，分管厅长参加

成都市文化馆组织全体馆员学习收看

银川市文化馆组织全体职工观看学习《2021 年文化馆行业建设与发展要点》

天津市和平文化宫组织全员干部收看学习